사람을 사랑하는 일

펴 낸 날	2025년 12월 9일 초판 1쇄
지 은 이	채수아
펴 낸 이	박지민, 박종천
편　　집	김정웅, 김현호, 민영신
책임편집	윤서주
디 자 인	롬디
책임미술	웨스트윤
마 케 팅	이경미, 박지환
펴 낸 곳	모모북스

경기도 파주시 지목로89-37(신촌로 88-2)3동1층
전화 010-5297-8303 팩스 02-6013-8303
등록번호 2019년 03월 21일 제2019-000010호
e-mail pj1419@naver.com

ⓒ 채수아, 2025
ISBN 979-11-90408-81-3(03810)

- 책값은 뒤표지에 있습니다.
- 잘못된 책은 구매하신 곳에서 교환해 드립니다.
- 모모북스에서는 여러분의 소중한 원고를 기다립니다.
투고처: momo14books@naver.com

사람을 사랑하는 일

채수아 지음

프롤로그

영혼의 자서전

수녀가 되고 싶었다. 봉사하는 삶을 살며 영혼이 아름다운 사람으로 살고 싶었다. 가톨릭 신자가 아닌 부모님을 설득할 자신이 없어서 결혼을 준비했다.

참 선하고 진실한 사람이었다. 어느 한 날, 그는 어두운 얼굴로 어머님을 모시고 살자는 말을 꺼냈다. 나는 밝은 얼굴로 그 자리에서 오케이를 했고, 시어머님을 모시고 신혼 생활을 시작했다. 위로 형님이 계셨지만, 어머님에 대한 두려움이 너무나 커서 모실 엄두를 내지 못하고 있었다.

결혼하고 얼마 지나지 않아 왜 형님이 어머님을 그리도 두려워했는지 알게 되었다. 형님 표현대로 어머님 앞에만 서면 몸과 마음이 굳었다. 거친 말투와 비수처럼 꽂히는 악담에 나는 점점 시들어갔다.

그래도 어머님을 포기하지 않았다. 그분의 기막힌 삶이 너무나 가여웠고, 상처 많은 시댁을 봉사의 장으로 여기자고 스스로 다짐했다. 그러나 나는 점점 빼빼 말라갔고, 벼랑 끝에 혼자 서있는 듯한 절망감을 느꼈다. 절망이 죽음으로 가는 병이라고 했던가! 나는 결혼 후 몇 년이 되지 않아 우울증 약을 먹기 시작했다.

분가를 하라는 의사선생님의 권유가 있었지만, 남편은 어머니를 모시지 않으면 이혼을 할 거라는 말로 내 가슴에 대못을 박았다. 내 마음이 단호했다면 이혼을 못할 이유도 없었으나, 난 어머님이 가족과 함께 살고 싶은 소망을 모른 채 할 수 없었다.

나 하나만 참으면 되었다. 아주버님 부부도, 고모도, 남편도, 우리 아이들도 모두 행복해 보였다. 그 세월이 17년 동안 이어졌다. 나는 과로와 스트레스로 몸과 마음이 와르르 무너져버렸다.

천직으로 여기던 학교를 나왔다. 수업을 하지 못하고 널브러져 있던 나는 1년 병 휴직을 했고, 이어서 사직서를 냈다. 멈추지 않으면 내가 죽을 것 같았기 때문이다.

오랜 시집살이를 하면서 나는 매일 일기를 썼다. 너무 힘들어서, 너무 답답해서, 내 자신이 너무 싫어서….

'영혼의 자서전'이라는 말을 천양희 시인의 [한 사람을 나보다 더 사랑한 적 있는가]라는 시집, 서문에서 발견하고 가슴에 통증이 느껴졌다. 난 내 고통의 시간을 영혼이 산산이 깨어진 상태라고 여겼기 때문이다.

분가를 했다. 어머님이 온유하고 사랑 많은 분으로 변하셨다. 기적 같은 일이 일어난 것이다. 나와 시어머님은 서로 아끼고 사랑했다. 서로 사랑한다는 고백도 했다.

어머님은 8년 전에 하늘나라로 떠나셨다. 내가 힘든 일이 있을 때면 꿈길에도 다녀가신다. 시어머님의 기도를 느낀다. 사랑이란 이리도 아름답고 위대한 것이다.

40대 초반에 학교를 나왔다. 비록 건강이 안 좋아 이른 퇴직을 했지만, 학교에서 만난 아이들은 나에게 사랑을 가르쳐 주었고, 환한 에너지를 주었다. 그 시간은 내게 축복이었다. 이 책 안에 알록달록한 아이들과의 사랑 이야기가 들어있다. 내 삶은 꽤 힘들었고, 많은 눈물이 있었지만, 사랑과 기쁨을 다시 되찾았다.

영혼의 자서전, 이 책은 내 영혼의 자서전이다. 이 책에는 88편의 진솔한 사랑 이야기가 담겨 있다. 그 하나하나의 글들이 당신의 아픈 상처를 보듬어 주길 바라는 마음이다. 당신이 힘든 순간, 이 책을 마주하면 좋겠다.

차 례

<프롤로그> 영혼의 자서전　　　　　　　　　004

1장. 사랑의 의미

1　최수종과 하희라와 우리 어머니　　　　015
2　맷집　　　　　　　　　　　　　　　019
3　아버지의 사랑법　　　　　　　　　　022
4　보시　　　　　　　　　　　　　　　025
5　기적을 여는 문　　　　　　　　　　　029
6　교장실 어린이집　　　　　　　　　　032
7　공익과 복의 관계　　　　　　　　　　034
8　시어머님의 해빙(解氷)　　　　　　　　037
9　시외할머님과의 특별한 사랑　　　　　040
10　혜경이와 은경이　　　　　　　　　　044
11　형광색 바구니　　　　　　　　　　　047

12	고부	**049**
13	나와 정리정돈	**051**
14	여자의 일생	**055**
15	왕조개 미역국	**059**
16	나의 아버지	**062**
17	막내딸의 봉사상	**065**
18	시어머님의 삼 남매, 나의 삼 남매	**067**
19	중년의 이별 준비	**070**
20	어머님의 란닝구	**073**
21	힘겨웠던 시집살이	**076**
22	제자가 우울증의 늪에서 빠져나온 이유	**080**
23	어디에나 길은 있다는 말	**085**
24	이별 여행 - 전투적이었던 그날의 기억	**088**

2장. 사랑의 진실

25	'이젠 아무 걱정 없다'는 말	093
26	'내가 너한테 어떻게 했는데'의 함정	096
27	나는 가끔 무식해서 용감했다	099
28	두려움 극복 방법	103
29	헛똑똑이의 삶	105
30	소유욕	108
31	어머님의 두 사람 바라기	110
32	결혼 생활 35년	113
33	"너, 왜 우니?"	116
34	누가 고양이 목에 방울을 다나?	118
35	500원짜리 물티슈 하나	122
36	두 여인	124
37	같이 늙어갈 사람들	127
38	엄마는 엄마다	130
39	최고의 시어머니	132
40	부부로 만나는 사람	133
41	쇼핑백 정리를 하며	136

42	친구를 존경하는 기쁨	139
43	노점상 할머니와 어린 손녀 이야기	141
44	어머니의 땅	144
45	작가라는 브랜드	147

3장. 사랑의 이해

46	불꽃처럼 살다 간 그녀	152
47	아버지 복	155
48	누군가를 이해한다는 것	158
49	아름다운 마무리를 위하여	160
50	두 번의 갑작스러운 책 선물	164
51	아버지 노릇	167
52	섬세한 사람	169
53	"백 점이야, 백 점!"	172
54	"바람 없이 주었는가?"	174
55	아버지의 탁월한 선택	176
56	아주버님의 동생 사랑법	178

57	죽지 않고 살아야겠다고 말해줘서 고마워	181
58	시인님이라는 호칭	184
59	영창 피아노	186
60	마중물	189
61	내가 변했다	192
62	미녀와의 수다	195
63	"나도 잘못했는지 몰라"의 위대함	198
64	오베라는 남자	200

4장. 사랑의 이유

65	시부모님을 모시는 일	204
66	이별식	206
67	내 남편이 지은 복	209
68	나의 해방일지	212
69	워킹맘과 모성애와 음식	215
70	동백꽃 필 무렵	218
71	엄마의 팔순 모임과 11만 원	222
72	철이 든다는 것	224
73	모르는 죄	227

74	나는 그녀가 행복했으면 좋겠다	229
75	이혼과 졸혼	231
76	쓰레기봉투와 층간 소음의 관계	234
77	삶과 죽음에 대한 묵상	237
78	책 선물	240
79	시어머님 표 알타리 김치	242
80	부끄러운 고백	245
81	호구의 삶	248
82	인연 보자기	250
83	'좋은 아빠'가 꿈이었던 아이	252
84	닮아가는 부부	255
85	행복했던 스승의 날	257
86	거미줄같이 얽혀있는 인연들	259
87	어디에서든 자라는 사랑 씨	261
88	우리 남편	263

<에필로그> 당신을 사랑하고 있나요?　　　　266

Chapter 1
사랑의 의미

No. 01

최수종과 하희라와 우리 어머니

시어머님을 모시고 살다보니 같이 TV를 볼 때가 많았다. TV 보시는 걸 너무나 좋아하셨고, 집 구조 상 안방에 TV를 놓았기 때문에 나는 피곤한 몸을 쉬지 못하고 어머님이 그만 보실 때까지 기다려야 했다. 그때 살던 집은 결혼 후 두 번째 집이었다. 방이 세 칸이던 2층 전셋집에서 내가 만삭인 때 급하게 이사를 온 이유는, 갑자기 주인집에서 집값을 올려달라고 요청했기 때문이다. 대기업에 다니는 아들에, 교사인 며느리까지 들어왔으니 욕심이 난 것이다. 마음만 먹으면 돈을 구할 수 있었겠지만, 자존심 강한 우리 어머니는 만삭인 나와 함께 새 전셋집을 구해 그 집을 나왔다.

새로 이사 간 집은 2층집의 아래층이었는데, 2층을 위해 계단을 화려하게 지어서 아래층에는 거실에 햇빛이 들어오지 않았다. 그래서 낮에도 전등을 켜야했고, 집이 사각형이 아니고, 1층 옆의 광을 만들기 위해 억지로 짜맞춘 집이어서 모양이 요상했다. 안방은 어느 정도 컸으나, 작은 방은 어머니 장롱과 화장대로 꽉 찼고, 거실은 내 결혼 전부터 시누님이 주고 갔다는 낡은 'ㄱ'자 소파가 놓여 있었다. 좀 생각을 했으면 그 소파를 버리고, 작은 거실에 TV를 놓을 수도 있었을 텐데, 언젠가 찾아갈지 모른다는 생각에 버리지도 못하고 자리만 차지하게 만든 것이다.

어쨌든 어머니 모시고 살 때 TV는 내게 좋지 않은 기억이 많다. 어머님 옆에 앉아 같이 보다가, 도저히 버틸 수 없으면 거실 소파에 누워있다가, 어머님이 작은 방으로 주무시러 들어가시면 그때서야 온전히 잠을 잘 수 있었다. 가슴에 '화'가 많으셨던 어머니는 드라마에 나오는 '악역 여배우'에게 특히 욕을 많이 하셔서, 그 또한 나를 몹시 피곤하게 했다. 그런 많은 기억 속에 유일하게 잊지 못할 어머님 말씀이 하나 있다. 최수종과 하희라 부부가 나와 인터뷰를 하는 장면이었는데, 두 사람은 대한민국 사람이면 다 알 만한 잉꼬부부여서, 그날도 둘이 손을 꼭 잡고 서로 마주보고 이야기를 하고 있었다. 두 사람 모두 눈물이 그렁그렁했다. 그 모습을 보시며 어머니는 "저렇게 좋을까?"라고 하시며, 몹시 부러운 표정을 지으셨다. 그 순간, 말로 표현할 수 없는 안쓰러움이 가슴 가득 올라왔다.

우리 어머니는 나이 열 여덟에 세 살 더 많은 이웃 동네 부잣집 막내 아들에게 시집을 가셨다. 가서 보니 시아버님과 형님 가족이 함께 살고 있었고, 처음 본 남편이라는 사람은 말이 어눌했다. 비록 학교는 못 다녔지만, 예쁘고 총명했던 어머니는 크게 마음의 상처를 입으셨을 것이다. 더군다나 군대에 세 번이나 끌려갔다 돌아오신 아버님은 약간의 청각장애로 매를 많이 맞아서 그랬는지, 세 번째 다녀오실 때는 거의 시체가 되어 돌아오셨다. 귀는 고막이 터졌는지 완전히 들리지 않는 상태가 되었고, 수전증까지 생겨서 사회 생활은 꿈도 못 꿀 정도였다. 그래도 현실을 받아들여 남편을 회복시키고, 시아버님을 정성껏 모셔서 시아버님께는 사랑을, 동서 형님께는 온갖 설움을 당하고 사셨다. 시아버님이 몸져 눕게 되자, 그 병수발을 나이 어린 막내 며느리가 다했고, 시아버님이 돌아가시고 나자, 그 옆의 오두막 같은 작은 집으로 쫓겨나듯이 나오셨다고 한다.

그 이후 어머님의 파란만장한 삶이 시작되었다. 뻔히 보이는 삼 남매의 미래가 속상해, 도전 정신이 강한 어머님은 삼 남매를 데리고 무작정 수원으로 올라오셨다. 먼 친척 한 분이 수원에 터를 잡고 계셨다고 한다. 충청도에 계신 아버님께는 주말마다 다녀오는 식으로 오랜 세월을 그렇게 사셨고, 내 결혼 이후에도 지속되고 있었다. 어머님께 아버님은 버릴 수도 없는, 사랑하는 마음도 생기지 않는, 그저 큰 짐이었다. 나는 태어나서 '화상'이라는 단어가 있다는 걸 어머님 입을 통해 처음 알았다.

거의 과부처럼 살아오신 어머님 앞에서 우리 부부는 늘 조심했다. 잠을 자기 전까지는 방문을 닫지 않는 습관이 있었다. 그건 남편이 먼저 그랬고, 나도 남편을 따라 그렇게 했다. 최수종 부부의 그 달달한 눈빛이 무엇인지

나는 안다. 남편을 만나 열애에 빠졌고, 부부 사이가 좋았었기에 배우자와 사랑하며 살아가는 일상이 얼마나 행복한 줄 안다. 그런데 어머님은 그걸 누리지 못하고 사신 것이다. 그래서 어머님께 심한 시집살이를 했음에도 마음 한 구석에 늘 짠한 마음이 있었다. 시어머님이 아닌, 한 여자의 일생으로 바라보면 어머님께 무심할 수가 없었다.

 그런 어머님이 말기 암 진단을 받으시기 전에, 당신 돌아가시면 시골 산소에 묻히신 아버님을 모시고 와서 수원 가까운 곳에 당신과 함께 모시라는 말씀을 유언처럼 하셨다. 그래서 그 말씀을 들은 우리 부부의 말을 듣고, 아주버님이 용인 가족납골묘에 두 분을 모실 수 있게 결정을 하신 것이다. 어머님의 한 많았던 이 세상에서의 삶은 8년 전에 끝이 났다. 하지만 어머님은 우리에게 '인내와 강인함과 책임감'이라는 큰 가르침을 남기고 떠나셨다. 그러기에 우리 부부나 우리 삼남매는 어머니를 많이 그리워하며 살아가고 있다. 어머님은 죽고 싶었지만, 죽지 않으셨다. 어머님은 도망가고 싶으셨지만, 가족을 끝까지 먹여 살리셨다. 그래서 우리 어머니의 삶은 위대한 것이다.

No. 02

맷집

결혼식 날, 미용실에 가기 전에 아버지께 큰절을 올렸다. 어느 선생님께서 내게 미리 알려주셨기 때문이다. 절을 하고 일어서기도 전에 나는 왈칵 눈물을 쏟았고, 아버지도 눈물을 흘리셨다. 그리고는 내 손을 잡으시며 '온실 속 화초처럼 키워서 밖으로 내보내기가 겁이 난다'고 말씀하셨다. 하지만 나는 온통 긍정 마인드로 꽉 차있던 사람이라 아무 두려움이 없었고, 결혼생활도 활짝 웃으며 살 줄만 알았다.

내가 살면서 만나보지 못했던 유형의 어르신을 모시고 살면서 나는 '혹시 꿈이 아닐까?'라는 생각을 종종 했다. 강한 부정성이 몸에 배신 어머님과의 하루하루는 마치 살얼음판 위를 걷듯이 조마조마했다. 갑자기 어떤 폭탄이 터질지 모를 불안감이 집안에 흐르고 있었다. 그런 와중에도 어머님은 당신이 살아온 이야기를 가끔 내게 들려주셨다. 돈 10원 벌어온 적 없는 장애인 남편과 꼬물꼬물 삼남매를 벌어 먹이는 게 너무 힘들어 물가에 한참을 서 계셨다는 말씀, 아무리 가난해도 정성껏 키웠더니 이웃 사람들이 귀티가 나는 아이들이라고 칭찬해 주어 기분이 좋았다는 말씀, 당신 소망은 큰아들, 작은아들네 식구들이랑 3층집에 모여사는 거라는 말씀 등등. 한 번도 모시지 않았고, 절대 합가할 생각이 없는 우리 형님의 강한 의지에 어머니의 3층집 소망은, 내가 결혼하기 전에 이미 포기된 상태였다.

 왜 그리 힘든 시집살이를 견디고 살았냐는 질문을 가끔 받을 때가 있다. 그래서이다. 어머님의 한 많은 일생에 무심할 수 없었기 때문이다. 그 마음에 맷집까지 강했다면 내가 건강히 잘 버텼을지도 모르겠으나, 아버지 말씀대로 온실 속 화초처럼 자란 나는 그 부정적 기운에 몸과 마음이 서서히 사그러들고 말았다.

 나는 아직도 맷집이 강하지 못하다. 스물네 살 교대를 졸업한 후에 첫 발령을 받은 학교의 교장선생님께서는 교사들을 매우 존중해 주시는 분이셨다. 나이 어린 교사들에게도 항상 깍듯하게 존댓말을 사용하셨다. 그렇게 존중 받으며 시작한 교사 생활은, 교사란 '역사적 사명'을 실천하는 역할이라는 다짐을 하게 만들었고, 속은 어떨지 모르지만 공손한 학부형들의 태도에 나는 어느새 존중 받는 게 익숙한 사람이 되었다. 존중 받았던 딸로 자라 존중 받는 교사가 된 나였기에, 며느리에게 함부로 대하는 것이 익숙하셨던 어머님이 더 힘들었을 것이다.

또한, 그런 내가 사업자 등록증을 가지고 브랜드 네이밍 일을 하면서는 교사로 살 때 경험하지 못했던 상황을 가끔 만나기도 한다. 아직도 나는 맷집이 강하지는 못하지만, 그래도 세상에는 좋은 사람들이 훨씬 많기 때문에 기분 좋게 보람을 느끼며 일할 때가 많다. '맷집'이라는 글감으로 글을 쓰려는데, 가장 먼저 떠오른 분이 나의 시어머님이셨다. 가족을 지키기 위해, 가족을 먹여 살리기 위해 어머님은 두려움 없이 부딪히고 싸우셨다. 그래서 당신도 모르게 많은 가시가 자연스레 달라붙었던 것 같다.

어머님의 도전 정신은 여든이 넘어도 끄떡 없으셨다. 주소 하나만 있으면 부산이건, 서울이건 발품 팔아 찾아가는 분이셨다. 중요한 일이 있으면, 전화 통화가 안되어도 무작정 출발을 하시던 분이셨다. 가끔 허탕을 치고 돌아오시면 내가 다 속상했지만, 어머님은 전혀 개의치 않으셨다.

새로운 것에 도전하고 부딪혀보는 것에 익숙하지 않은 내가, 열심히 움직일 수 있는 것은 모두 나의 시어머님 덕분이다. 어머니를 떠올리면 용기가 불끈 생긴다. 당신의 인격까지도 최고 수준으로 끌어올려 사시다 떠나신 우리 어머니는, 한 마디로 '인간승리'셨다. 정말 멋진 분이셨다.

아버지의 사랑법

오래 전, 전임교에서 3학년 담임을 하며 소중한 인연을 만났다. 교사와 학부모와의 관계를 넘어선 아름다운 만남이었다. 3월 초, 소라 엄마의 첫 편지로 인해 우리의 만남은 시작 되었다.

"선생님, 죄송합니다. 제가 시험관 아기를 준비하고 있기 때문에 병원에 다니는 일 말고는 외출을 거의 하지 않고 있고, 건강이 별로 좋지 않아서 학교 행사에도 참여하지 못할 것 같습니다. 이해해 주시고 제 딸 소라, 잘 부탁드립니다."

나도 소라 엄마를 안심시키는 내용의 편지를 간단히 써서 보냈다. 그 이후로 우리 두 사람은 메일을 주고 받는 사랑의 관계로 이어졌다. 몸이 많이 피곤해 보였던 날은 여지없이 소라 엄마의 따뜻한 글이 배달되었고, 그 사랑의 기운으로 하루의 피로가 녹아내리는 듯 했다. 그 많은 메일 중에서 가장 기억에 남는 글이 있다.

"선생님은 아이들을 함부로 대하지 않는 분이신 것 같아요."

난 지금도 그 글을 읽던 순간을 생각하면 많이 부끄럽다. 내가 정말 아이들을 함부로 대하지 않는 교사였을까? 오히려 그 이후에 나는 조금씩 그런 교사가 되기 위해 더 많이 노력했던 것 같다. 소라 엄마의 칭찬은 오히려 나에게 감사한 채찍이 된 것이다.

나는 다섯 살 때부터 초등학교 교사가 되려고 했다. 아니, 되려고 한 것이 아니라 교직에 계셨던 아버지의 뜻에 내 인생을 맡겨버렸다. 불문과에 가고 싶었던 뜨거운 열정을 가슴 깊이 숨긴 채, 나는 교육대학에 진학을 했고 초등교사가 되었다. 가지 못한 길에 대한 가슴앓이를 한 5년 정도 하고 난 후, 서서히 그 마음도 엷어졌다.

아이들과 함께 있음에 행복을 느끼지 못했다면, 아마도 나는 오랜 시간을 학교에 머무르지 못했을 것이다. 내가 학교 생활에 잘 적응할 수 있었던 이유는, 교사라는 직업이 얼마나 소중하고 가치로운 것인지 몸으로 보여주신 아버지가 계셨기 때문이다.

"교사는 절대로 아이들을 미워할 자격이 없다. 아이들 교육을 위해 야단을 치고 화를 낸다 해도, 그 다음 날 아침에는 남는 마음이 없이 그 아이를 대할 수 있어야 한다. 그리고 지도하기 어려운 한 명을 포기하고 나머지 아이들에게 최선을 다한다고 해도, 그것은 훌륭한 교사의 모습이 아니다. 교사는 모든 아이를 가슴에 품을 수 있어야 한다."

아버지의 간절함 때문이었을까? 난 하루 이상 아이들을 미워한 적이 없었다. 아마도 자동 조절장치가 내 속에 들어가 있는 게 아닐까. 아침이면 일찍 출근을 해서 창문을 활짝 열고 아이들을 맞이하며 웃던 내 모습이 떠오른다. 훌륭한 교사가 되기를 간절히 기도하셨을 아버지! 그런 아버지의 딸로 태어나 아버지의 딸이 되어 살았던 것은 가슴 설레게 감사한 일이다.

No. 04

보시

나는 살아오면서 말로는 설명할 수 없는 기적을 많이 만났다. '어떻게 이런 일이…' 그러고나면 돌아가신 아버지가 떠오르고, 혼자 남아계신 엄마가 떠올랐다.

'착한 공덕은 3대까지 내려간다는 옛말이 맞는 말인가 보다'라는 강력한 믿음이 생기는 순간이다. 우리 아버지는 세상을 뒤흔들다 가신 분도 아니었고, TV나 신문에 한 번도 나온 적 없는 분이셨다. 그저 사 남매가 아직도 존경하고 있는 좋은 아버지셨고, 제자들이 아직도 잊지 못하는 초등학교 선생님이셨다.

오래 전, 중학교 등록금이 있던 시절에 당신의 쥐꼬리만한 월급을 털어서 제자들의 앞길을 열어주셨고, 밥 대신 죽이 주식이던 제자에게 가끔이라도 일부러 밥을 먹이려고 애쓰시던 분이셨다. 시골의 가난한 교사의 아내였던 우리 엄마는 아버지의 제자를 당신 제자처럼 아끼셨고, 따끈한 밥을 먹는 제자 옆에서 제자의 구멍난 양말을 꿰매주셨던 착한 사모님이셨다. 내가 태어나기 전의 일들이었지만, 늘 우리 집을 찾아오던 제자들이 우리에게 알려준 사실이었다. 내 어린 시절에도 동네 선생님이셨던 아버지의 제자들은 주말이면 우리 집으로 몰려와서 난 언니들과 함께 놀았던 기억이 많다.

결혼을 했다. 우리 엄마 표현대로 '부처님 반토막'같은 착한 남자였다. 비록 가난하게 살았지만, 전혀 인색하지 않은 사람이었다. 우리 두 사람은 어머니에게나 시댁 식구들에게나, 친정 식구들에게 선물 하나를 하더라도 아까운 마음없이 정성을 다했다. 감사하게도 우리 두 사람이 탄탄한 직장인이었으니, 우리는 나누면서 참 행복해했다.

우리 모두가 잊을 수 없는 IMF! 친정 쪽의 먼 조카가 사업을 하다가 쫄딱 망했다는 소문을 엄마께 들었다. 무스탕 사업이 너무나 잘 되다 보니 매장을 자꾸 늘리다가 그야말로 알거지가 된 것이다. 그 주변에 제법 잘 사는 친척들이 있었지만, 이미 돈을 빌려서 갚지 못한 상태라 모든 사람들이 등을 돌렸다고 했다. 아이들은 처가에 맡기고, 모시고 살던 어머니는 누이에게 맡기고, 부부 두 사람만이 허름한 여인숙에서 하루 하루를 겨우 살고 있다는 말! 평소에 친하지도 않던 그 부부가 계속 눈에 밟혔다. 남편에게 그 상황을 이야기했다. 우리 부부는 자연스럽게 대출을 받아서 도와주자고 했고, 그 조카의 아내 전화번호를 알아내어 전화를 했다.

"나 수원 이모야. 힘들지? 돈을 좀 구했어. 입금할게. 뭐라도 시작해."

질부는 너무나 놀라 잠시 말을 하지 못했다.

"이모님! 정말 고맙습니다. 이 은혜 잊지 않을게요. 올 12월에 꼭 갚겠습니다."

질부의 그 말에 나는 나중에 갚을 수 있을 때 갚으라고 했다. 그 다음주에 질부는 내게 전화를 걸어서 고춧가루 장사를 시작했다고 말했다. 그 일이 지나고 바로 남편이 회사에서 보너스를 타왔다. 우리가 도와준 금액의 두 배보다 더 많은 금액이었다. 회사 이익금을 직원들에게 나눠주는 인센티브가 잘 지켜지던 대기업이었다.

그리고 얼마 후에 큰딸이 다니고 있는 초등학교에서 안내장이 왔다. 그 학교에 다니고 있는 한 아이의 집이 불에 타서 숟가락 하나를 건지지 못해 돈과 생활용품을 걷는다는 글이었다. 나는 잠시 생각을 한 후에 남편의 보너스 봉투에서 '백만 원'짜리 수표를 한 장 꺼내서 봉투에 넣어 다음날 학교에 가는 아이 가방에 넣으며 선생님께 잘 갖다드리라고 말했다. 그 몇 달 후, 남편의 회사가 또 대박이 났다. 이번에는 지난 번 보너스의 두 배의 금액을 받았다. 너무나 놀라웠다. 하늘이 마치 선물을 주시는 것 같았다.

뭔가를 바라고 나눔을 한 건 아닌데, A에게 주고 B에게 준 것이 C에서 돌아오고, D에서 돌아왔다. 그것도 몇 배로, 어떤 경우에는 상상할 수 없는 기적으로. 이를 어떻게 말로 설명할 수 있을까.

그저 내 눈에 보이면 몸을 움직였을 뿐이었는데, 마더 데레사 수녀님의 말씀처럼, "당신이 할 일을 하늘이 보여주시는 겁니다."라는 말을 믿었을 뿐이었는데, 놀라운 기적을 너무나 자주 만나며 살고 있다.

No. 05

기적을 여는 문

살면서 종종 기적을 만났다. 믿을 수 없는 일이 현실이 되었을 때, 나는 놀라움과 감사함에 무릎을 꿇고 말았다.

내가 만난 첫 번째 기적은, 큰딸이 네 살 때 겪은 화상 사건이다. 퇴근 후 방에서 잠시 쉬고 있었는데, 딸의 비명소리가 들렸다. 아이가 시어머님이 팔팔 끓인 후 식히고 있던 대형 양은 솥 안의 간장에 빠진 것이다. 이층집의 아래층에 전세로 살고 있던 그 집의 마당은 매우 비좁았다. 꽤 넓은 보일러실이 있었음에도 어머니는 왜 좁은 마당에 그 솥을 내놓으셨을까?

감사하게도 집 바로 근처에 단골 병원이 있어, 우리 부부는 아이를 안고 달려갔다. 완벽한 응급조치(후에 대학병원에서 들은 말)를 끝내고, 내가 사는 수원에서 가장 큰 병원의 응급실로 갔지만, 우리를 받아주지 않았고, 구로에 있는 고려대 병원을 추천해 주었다. 남편은 벌벌 떨며 서울을 향해 운전을 했고, 나는 간장 냄새가 진동하는 아이를 안고 계속 살려달라고 기도를 했다.

구로에 있는 고려대 병원에 도착했지만, 우리는 자리가 없어 그냥 응급실에서 2차 응급조치를 하며 기다리고 있었다. 수원에서 들었던 '수가 위험하다'는 말과 비슷한 말을 젊은 의사에게 또 들었다. 그 첫 번째 이유가 '화상 부위가 신체의 1/3이 넘었다'는 것이다. 남편은 밖으로 나가 울고 있었고, 나는 강철 엄마가 되어 계속 기도의 끈을 놓치지 않고 있었다. 한 시간 정도 지났을까? 갑자기 입원하려던 한 환자가 취소를 해서 우리 딸이 병실로 올라갈 수 있었다.

현실이 아니었으면, 하고 바라는 순간이 많았다. 간절한 기도와 함께 시어머님에 대한 원망이 너무 커서 마음이 지옥이었다. 깊은 묵상에 잠겼다. 어머님의 죄의식과 어머님의 고통이 얼마나 큰지, 아이에 대한 사랑이 얼마나 깊은지 마음으로 느껴졌다. 내가 용서할 문제가 아니었다. 그냥 받아들이고 맡겨야할 그 무엇이었다. 나는 미움이 한 톨도 없는 '100% 내맡기는 기도'로 순간 순간을 임했고, 우리에게 기적은 찾아왔다.

아이는 화상의 통증을 느끼지 못해 방실방실 웃으며 병원 생활을 했고, 상처는 눈에 띄게 아물어 갔으며, 13일 만에 퇴원 수속을 밟았다. 그리고 그 하얗고 징그러운 화상의 상처는 몇 년 안에 다 사라졌다.

또 몇 년이 흘렀다. 나는 학교 대표 수업을 준비하다 과로로 혈압이 40으로 떨어졌다. "인간의 혈압은 40 이하가 없다. 그 아래는 죽음이다"라는 말씀과 함께 과로의 위험함을 강조하셨던 원장님이 퇴원을 앞둔 내게 준 것은 '소견서'였다. 백혈구 수치가 마구 치솟는 내게 여의도 성모병원으로 올라가라고 하셨다. 수원 병원에서의 마지막 밤을 보내고 있던 내게, 새벽 미사에서 만났던 수녀님의 말씀은 '다 맡기라'였다.

'어떻게 맡기나…. 작은 두 아이를 어떻게 맡기나….' 이불을 뒤집어쓰고 통곡을 하고 난 후 난 비장해졌다.

"알았습니다. 다 맡길게요. 두 아이와 남편과 우리 어머니, 당신이 다 책임져주세요. 다 맡깁니다. 다 맡깁니다."

여의도 성모병원에서 만난 백혈병 일인자이신, 김춘수 박사님의 '백혈병으로 판단된다'는 말씀에도 나는 담담했고, 남편은 심한 현기증을 느꼈다. 일주일 후 나는 백혈병이 아니라는 진단을 받고 수원으로 내려왔다. 그리고 다음 해 또 한 명의 아이를 낳았으며, 교사 생활을 계속 이어갔다.

나는 안다. 내맡김의 기도가 얼마나 강력한지, 그리고 그 마음결에는 절대 미움이나 원망이 없어야 한다는 것을. 자기에 대한 용서, 그리고 다른 사람에 대한 용서! 어렵게 깨달은 진리를 잊을 때도 있지만, 나는 또 그 마음을 되찾고, 기적을 만나는 삶을 살아가고 있다.

삶은 '신과의 게임' 같기도 하고, 꼭꼭 숨어있는 '보물 찾기'를 하는 것 같기도 하다. 재미있고, 흥미롭고, 감사하다.

No. 06

교장실 어린이집

돌아가신 아버지의 마지막 학교는 화성시에 있는 정남 초등학교이다. 아버지가 계신 납골묘에 다녀오는 길이면 늘 그 학교를 지나게 되는데, 그럴 때마다 떠오르는 따스한 이야기들이 있다.

시골 학교 교장 선생님으로 정년 퇴임을 하신 아버지는, 선생님들이나 기사님들께 친절하고 다정다감한 어르신이셨다. 아버지가 관리자로 근무하시던 학교의 기사님들은 거의 다 퇴임식에 참석해서 아버지를 크게 감동시켰다.

가장 잊지 못할 이야기는 나와 함께 근무를 한 적이 있는 여교사에게서 들었다. 아버지의 마지막 학교에서 같이 근무하던 그 선생님에게는 서너 살 정도의 어린 아이가 있었다. 시댁이나 친정도 먼 데다가 이사를 한 지 얼마 되지 않아, 아는 사람도 없는 상황에서 아이를 보던 아주머니가 급한 일로 며칠 집에 오지 못하는 상황이 발생했다. 그 선생님은 출근 전에 아주머니의 전화를 받고, 급하게 교장 선생님인 아버지께 전화를 했다. 아버지는 아이를 데리고 출근을 하라고 했고, 아버지가 계신 교장실은 임시 어린이집이 되었다. 그 기간이 단 며칠이었지만, 그 은혜를 평생 잊을 수 없을 것 같다고 그 선생님은 내게 말했다.

    교장실에서 업무를 보시면서 아이와 놀아주고, 아이 손을 잡고 교정을 산책하는 아버지 모습을 상상해 보았다. 우리 아버지와 너무나 잘 어울리는 모습이다. 이런 아버지셨기에 늘 내 가슴 속에 살아 계시고, 나에게 따스한 에너지를 끊임없이 주고 계신 것이다. 아버지 생각을 하다 보면 내 세포들은 어느새 고운 물이 들어 세상을 잘 살아가고 싶은 마음이 든다. 기분 좋게 설렌다.

공익과 복의 관계

'운'에 관한 책을 몇 권 쓰신 김승호 님의 글에서 보면, '공익'을 해치는 사람이 가장 운이 나빠진다고 했다. 회사에서 다 같이 쓰는 물건을, 돈 좀 아낀다고 슬쩍슬쩍 집으로 가져가는 행위를 예를 들어 설명했다.

우리 일상생활에서 보면 '분리수거'도 하나의 예가 될 것이다. 누가 안 본다고 대충 아무렇게 내다 버릴 때, 그 관련된 일을 하는 많은 사람들은 그로 인해 몇 배의 피곤한 작업을 해야만 하는 것이다. 공중화장실 사용법이라든지, 아무 데나 휴지를 버리지 않는 행위, 코로나 시기에는 마스크를 꼭 쓰고 다님으로써 나를 보호하고, 남에게 불안감을 주지 않는 태도 등등, 우리가 실천할 수 있는 공공의 이익은 굉장히 많다.

또한 내가 하는 언행이나 결정으로 사람에게 이익이 되는지, 피해를 주는지를 생각해 볼 필요가 있다. 그것은 영향력에 따라 그 크기가 달라진다. 내 가족인가, 내가 사는 동네인가, 내가 관리하는 회사인가, 내 지역구인가, 하나의 도시인가, 더 나아가 국가인가!

다음은 내가 교사로 근무할 때 만났던 학급 회장의 이야기이다. 그 아이는 공부 1등에, 잘 생긴 외모에, 가정환경이 매우 좋은 아이였다. 성격도 좋아 그야말로 반 아이들 모두 그 아이를 좋아했다. 회장 투표를 하기 전에도 우리는 이미 알고 있었다. 당연히 그 아이가 뽑힐 거라는 걸.

문제는 당선된 지 한 달 정도가 지난 후였다. 믿을 수 없는 일이 발생했다. 모범 답안지 같았던 그 아이가, 공부 못하고 힘이 약한 한 남자 아이를 지능적으로 괴롭히고 있었다. 부모님이나 선생님께 알리면 더 큰 보복이 있을 거라는 걸 세뇌시키고 또 시켰는지, 우리는 까마득히 그 사실을 모르고 있었다. 이상하게 어두운 표정, 아무 의욕이 없는 절망이 그 아이 표정에 나타났다. 그냥 지나치기에는 정도가 점점 심각해졌다. 아이의 엄마에게 전화를 해서 집에 무슨 일이 있는지 물어보았지만, 그런 일은 없다고 했다. 학년이 바뀌고 나서 아이의 말수가 줄어서 좀 이상하다고만 생각했다고 했다.

아무도 눈치를 못 채도록, 학급의 모든 아이들이 돌아간 이후에 교실로 오라고 아이와 비밀 약속을 했다. 기가 팍 죽어 교실로 들어오는 아이를 보니 가슴이 저렸다.

"선생님에게 말해줄 수 있니?"

아이는 고개를 저었다. 그리고 눈물을 뚝뚝 떨구더니 마침내는 통곡을 하며 울었다. 참 멋지다고 생각했던 회장이 왜 그러는지 모르겠다고, 그리고 괴롭힘을 함께 지켜보는 몇 명의 아이들이 더 있다고도 했다. 그 아이들은 '00부장'이라고 뽑힌 남자 아이들이었다. 학급을 위해 봉사하라고 뽑아준 아이들이 힘 없는 한 아이를 그렇게 괴롭히고 있었다.

나는 우는 아이 앞에서 함께 울었다. 미안하다고, 선생님을 믿으라고 하며 등을 토닥여주었다. 아이를 돌려보낸 후 깊은 생각을 했고, 생각대로 밀고 나갔고, 아이의 표정은 다시 밝아지기 시작했다. 참 힘든 일이었지만, 난 용기를 냈고, 더욱 강해졌으며, 내가 교사라는 사실을 계속 내게 각인시켰다.

'그 아이들은 나를 기억할까? 잘 살고 있을까? 지금은 누군가의 아빠로 살고 있을 텐데…'

귀한 하루가 밝았다. 되도록 좋은 선택을 하는 하루를 살아야겠다.

No. 08

시어머님의
해빙(解氷)

며칠 전 시어머님 기일이었다. 내가 아는 여성들 중에 가장 많은 고생을 하셨던 분이셨기에 같은 여자로서 마음이 아팠었다. 아버님은 오래전에 돌아가셔서 충청도 고향 산에 묻히신 상태였고, 어머님은 8년 전에 우리 곁을 떠나셨다. 평생 호적에만 부부로 되어있지, 몸도 마음도 떠난 두 분이었기에 돌아가셔도 그럴 줄 알았다. 아버님은 그저 어머님의 평생 짐이었고, 자존심 강한 어머님의 수치스러운 남편이었다. 어머님 삶의 이유였던 삼 남매조차도 아버님은 그런 존재로 보였다.

무심하지 못한 '나'라는 사람이 이해하기에는 어려운 시대의 모습이었지만, 하나의 풍경처럼 시댁 식구들에게는 당연한 일로 보였다. 시집살이도 힘든 지경에 아버님을 함께 모시겠다고 이런 저런 계획을 세우고, 반대에 부딪히고 시간이 흐르다가, 아버님은 잘 마련된 우리의 큰 아파트에 입주하기 3개월 전에 한 많은 이곳의 생을 마감하셨다.

나의 초점은 늘 아버님이었기에 시댁 모든 사람을 인정머리 없는 사람들이라고 내심 생각했고, 시댁 눈치를 보다 아버님을 그렇게 홀로 세상을 떠나게 만든 것에 두고두고 죄송한 마음이었다.

앞 일을 내다보셨던 것일까? 어머님은 당신의 말기 암 진단 바로 전에 있었던 '큰아버님 장례식장'을 다녀오는 길에, 우리 부부에게 낮은 목소리로 말씀하셨다.

"니들이 힘들다. 시골에 계신 아버지, 이 근처로 모셔오고, 나 죽으면 같은 곳에 모셔라."

그 말씀이 계셨기에 어머님 모실 장소를 충청도(아버님과 거리가 가까운 납골당)로 정하시려는 아주버님의 뜻을 바꿀 수 있었다. 어머님을 먼저 근처 가족 납골묘로 모신 후, 시골에 계신 아버님을 함께 모셔왔다. 두 분이 함께하신 게 벌써 7년이 되었다. 막내인 내 남편이 두 살 때인가부터 떨어져 살았던(일주일에 한 번씩은 다녀오셨지만) 부부가, 돌아가신 후에 한 방에 계신 것이다.

난 늘 아버님 쪽으로만 기울여 생각했다. 군대 다녀온 후의 수전증과 청각장애로 가족을 건사하지 못한 못난(어머님 표현) 남편이었지만, 그렇게 버려두고 살았다는 게 도무지 이해가 되지 않았다. 그런데 얼마 전 문득 그런 생각이 들었다. 우리가 모르는 부부만의 어떤 비밀이 있던 것은 아닐까? 군대에서의 충격으로 가끔 발작을 하실 때가 있다는 말은 들었다. 혹시 어머님을 몹시 괴롭히셨던 건 아닐까? 그래서 삼 남매만 데리고 도시로 도망치듯이 올라오신 건 아니었을까? 어머님 말씀을 들은 사람이 없으니 사실은 알 수 없다. 하지만 어머님이 자주 하셨던 말씀이 가끔 생각나곤 한다.

"사람 싫은 건 절대 못 산다."

어찌 되었든 한 많은 두 분의 이생의 삶은 끝이 났지만, 어머님의 마지막 내려놓으심으로 우리는 두 분을 함께 볼 수 있게 된 것이다. 어머님의 해빙(解氷), 부부의 해빙(解氷)! 눈빛이 선량하셨던 나의 시아버님은 뭐라고 말씀하실지 모르겠지만, 내 꿈에 나타나서 활짝 웃으셨던 것처럼 웃고 계실 거라 믿고 싶다.

시외할머님과의
특별한 사랑

결혼을 하고 나니, 새로운 인연이 참 많이도 생겼다. 남편과도 그렇지만, 어쩌면 그로 인해 맺어진 인연이 더 기막힌 게 아닌가 종종 생각할 때가 있다. 그 중에서 나를 가장 많이 사랑해주셨던 분이 바로 시외할머님이시다. 할머님은 내게는 좀 힘들 수 있는 '시어머님'의 친정어머님이신데, 충청도 웅천에 있는 본가에 사시다가 결혼 안 한 손주들을 몇 년 돌보시느라 내가 살고 있던 수원에 올라와 계셨다. 내 걸음으로 10분도 안되는 거리에 사셨는데, 손주며느리가 귀여우셨던지 우리집에 자주 놀러오셨다. 아니, 거의 매일 놀러오셨다. 어찌 생각하면 부담스러울 수도 있는 분이었을 텐데, 난 그런 생각을 한 번도 한 적이 없었다. 그건 할머니의 전폭적인 사랑 덕분이었고, 그 사랑이 너무 지극하셔서 당신의 어머니와 사이가 별로 좋지 않은 우리 어머님이, 두 사람을 질투하시기까지 했다.

지금은 결혼 30년이 넘었으니 어느 정도 음식을 뚝딱 쉽게 잘 해내는 편이지만, 그 당시 새댁이었던 나는 음식 하나를 제대로 못했다. 남편은 아내 사랑으로 맛있다 하며 먹어주었지만, 할머니 입맛에는 턱없이 부족했을 텐데도 항상 맛나다고 칭찬을 해 주시며 드셨다. 특히 잡채를 자주 해 드렸는데, 아주 맛있게 드셨고(내가 정말 맛있는 줄 알 정도로) 그 이야기를 당신 자식들에게 과대포장하여 말씀하셔서 시댁 어른들께 '잡채'에 관한 칭찬을 황송할 정도로 많이 듣곤 했다. 또 한 가지 생각나는 일이 있다. 매달 월급을 타면 할머니께 조금씩 쓰실 돈을 드렸는데, 그날은 두어번 거절하시는 게 아니라 심하게 내 손을 뿌리치셨다. 내가 많이 당황할 정도로 말이다.

"할머니, 왜 그러시는데요?"

하고 여쭈었더니 이렇게 말씀하셨다.

"너 방학인데, 월급도 못 타면서…."

나는 깔깔거리며 웃었다.

"할머니, 선생님은 방학을 해도 월급을 줘요."

"그러냐?"

지금도 나를 보고 환하게 웃으시던 할머니의 모습을 떠올리면 나는 금새 행복해진다. 그렇게 나와 몇 년을 자주 만나시다가 할머니는 충청도 시골로 내려가셨다. 큰 아들과 큰며느리가 있는 할머니의 집으로. 떨어져있어도 늘 나를 사랑해주는 그분의 존재로, '사랑은 저렇게 하는 걸 거야!.'하는 깨달음을 얻게 되었다. 지금도 내 귀에 들리는 듯한 목소리 "지혜 에미야!"

이 아침에도 몹시 그리운 분이다. 내게 그리도 따뜻하셨던 할머니와 마지막으로 대화를 한 건, 할머니께서 돌아가시기 얼마 전의 여름방학이었다. 시댁 가족들 모두 시골에 내려가서 뵌 할머니는 너무나도 너무나도 작아져 있었다. 손목이 나의 반 정도나 될까? 사 가지고 내려간 고운 모시옷을 입어 본 할머니는 마치 허수아비 같아 마음이 몹시 아팠다. 밤이 되었다. 할머니 옆에서 손을 잡고 누워 이야기를 나누고 있었는데, 할머니는 갑자기 일어나셔서 이불장 이곳저곳에 손을 넣어보시더니 꼬깃한 봉투 하나를 내 손에 쥐어주셨다.

"애들, 은수저 하나씩 해줘라."

난 순순히 할머니의 봉투를 받았다. 그리고 목에 걸려있던 금목걸이를 빼서 할머니 목에 걸어드렸다. 다음날 아침 할머니의 목에 걸린 목걸이를 본 시댁 어른들께서, 그대로 두면 나중에(돌아가시고 나면) 처치곤란하다고 말씀하셔서 다시 목걸이를 빼서 내 목에 걸었다. 할머니와의 마지막 시간이 그렇게 끝나가고 있었다. 얼마 후에 할머니께서 돌아가셨다는 소식을 들었다. 할머니의 마지막 모습은 "나 괜찮다. 잘 있어."라고 말씀하시듯 참 곱고도 예쁘셨다.

할머니가 주셨던 봉투가 생각난다. 얼마나 오래되었으면, 얼마나 만지작

거렸으면 닳고 닳아 가루가 묻어날 것 같았던, 모서리는 닳다 못해 작은 구멍이 나 있던 봉투! 봉투 안에는 만 원짜리 다섯 장이 들어있었다. 누군가에게 받았는지, 아니면 따로 담아 놓으신 것인지는 모르겠지만, 그건 내게 주신 할머니의 마지막 선물이었다.

혜경이와 은경이

  그날은 비가 많이 내리고 있었다. 혜경이와 은경이가 학교를 며칠 빠진 날이라, 아이 둘과 함께 여기저기 두 아이를 찾으러 다녔다. 주변 아이들의 소식통으로 집히는 곳이 있어서 물어물어 그 장소에 도착했더니, 거기에는 다른 학교 아이들도 몇 명 더 있었다. 학교에 안 가고 백화점이나 그 주변을 서성이던 아이들이었다.

  혜경이는 우리 반 아이였고, 은경이는 혜경이의 언니였다. 엄마는 재혼을 해서 서울로 갔지만, 새 아빠가 두 아이를 거부해 두 아이는 수원의 삼촌과 함께 지내고 있었다. 그것도 학구도 아닌, 버스로 20분 정도를 가야 하는 동네에 말이다.

  아이들이 모여있는 모습을 보니 긴 한숨부터 나왔다. 몰래 한숨을 몰아

쉬고, 아이들과 대화를 하다 보니, 다른 학교의 한 남자 아이는 6학년 나이인데 5학년 겨울까지만 학교를 다녀서 자기가 6학년 몇 반인지도 모른다고 했다. 일단 아이들에게 짜장면을 먹였다. 중간에 탕수육까지 시켰다. 아이들이 환호성을 질렀다. 아이들을 배부르게 먹이고, 다음날에는 각자 학교에 꼭 등교하라고 당부를 한 후에, 가장 먼 동네에 사는 한 남자 아이를 데리고 버스를 탔다. 그 아이가 사는 곳은 수원역 근처의 쪽방촌이었다. 내가 지금까지 보았던 집 중에서 가장 작은 집! 세 명이 겨우 누워 잘 수 있는 작은 방과 그 반만한 부엌이 집 전체였다. 머리가 백발인 노할머니께서 손주를 반기셨고, 중학교 1학년인 형은 연필을 깎고 있었다. 아버지는 한 달에 한 번 생활비를 가져다 준다고 할머님이 말씀하셨다. 나는 사가지고 간 딸기를 할머님께 드리고 이야기를 잠시 나눈 뒤 집으로 돌아왔다.

혜경이와 은경이에 대한 관심이 지나치다고 느끼셨는지, 모시고 살던 시어머님께서 내게 이런 말씀을 하셨다.

"머리 검은 짐승은 거두는 게 아니여!"

나는 처음에 그 말씀을 이해하지 못했다. 어머님은 내가 두 아이를 입양이라도 할까 봐 걱정이 되신 거였다. 내가 시누님으로부터 조카딸의 옷을 가져다 입히고, 두 아이를 계속 챙기는 것을 보시면서. 사실 난 그럴만한 자격이 없었고, 그런 생각을 한 적도 없었다. 왜냐하면 나는 첫 아이 난산 이후 건강이 계속 좋지 않았던 사람이기 때문에, 첫째 아이가 다섯 살이 될 때까지도 둘째 아이 낳을 생각조차도 못했기 때문이다.

어쨌든 두 아이는 학교에서도 내 딸들처럼 내 곁에 많이 머물러 있었다. 공부가 끝나면 자매가 우리 교실에서 놀다가, 내가 퇴근할 때 같이 따라 나올 때가 많았다. 한 번은 직원 회의가 있어 아이들을 두고 교무실을 다녀왔는데, 옆 반 선생님이 걱정하는 소리를 하셨다. 아이들이 있는데 가방을 두고 오면 어쩌냐고, 아이들이 지갑에 손을 대면 어쩌냐고. 난 그냥 웃고 말았다. 난 그 아이들을 의심하지 않았고, 아이들도 내 지갑에 손을 댄 적이 단 한 번도 없었다.

너무나 다행스럽게 두 아이의 새 아빠가 두 아이를 받아들이기로 결정을 했고, 두 아이는 서울로 올라가게 되었다. 동생인 혜경이가 우리 시누님 딸과 동갑이니, 지금은 40대 초반의 아이 엄마가 되었을지도 모르겠다.

특히 아픈 손가락이 있다고들 한다. 아픈 자식도 있을 수 있듯이 아픈 제자도 있다. 함께하는 동안, 내 마음이 특히 많이 아팠던 아이들! 그래서 문득 생각만 해도 눈물이 핑 도는 제자들이 있다.

'잘 살고 있어야 할 텐데, 제발…. 나는 잊어도 괜찮아. 그저 어디에서건 꼭 행복하렴.'

No. 11

형광색 바구니

몇 가지 물건을 사러 다이소에 갔다. 요즘은 김치를 자주 담그니 소쿠리 하나가 더 필요했다. 소쿠리 코너로 가니, 파란색과 형광빛을 띤 분홍색, 두 가지가 있었다. 나도 모르게 어머님 생각이 나서 분홍색으로 골랐다.

나는 둘째와 셋째 아이는 육아휴직을 해서 거의 내가 전담으로 키웠지만, 첫째딸은 어머님 위주로 양육을 하셨다. 학교에서 돌아오면 우리딸은 늘 형광색 옷을 입고 있었다. 난 세상에 그런 종류의 색깔이 있는 줄도 몰랐다. 연두색도 그냥 연두가 아닌, 야한 형광빛을 내었고, 주황도, 분홍도, 모두 요상한 느낌을 주었다. 친구들에게 선물 받은 많은 브랜드 옷들이 있었지만, 어머님은 당신이 시장에서 사온 그 옷들만 입혔다. 그렇다고 퇴근해서 옷을 갈아입힐 수도 없는 노릇이어서 그냥 받아들이고 살았고, 어머님이 주말에는 시골에 다녀오시기 때문에, 주말에만 내 취향대로 아이 옷을 입혔다.

딸이 네 살 정도 나이였을 때다. 집에는 자주 놀러오는 시누님의 아들도 있었다. 형광색 옷을 입은 딸의 머리가 남자아이처럼 상고머리가 되어 있었다. 나는 하도 기가 막혀서, 조카가 있음에도 불구하고 어머니께 화를 냈다. 여자 아이 머리를 저렇게 남자애처럼 자르시면 어떻게 하느냐고 했다. 어머니는 빙그레 웃으시면서 남자 동생 보려면 이래야 한다고 당당히 말씀하셨다. 결혼 이후 힘든 마음이 몸으로 나타나 비쩍 마르고 자주 아픈 며느리에게, 말은 안하시면서 속내를 그렇게 표현한 것이었다.

나를 힘들게 하는 어머님이 내딸에게 입히는, 촌스러워 보이는 형광색이 정말 싫었는데, 내가 형광색 바구니를 고르며 미소짓고 있으니, 세월이 많이 흐른 것이리라. 김치를 담글 때마다 천 원짜리 이 바구니를 사용한다. 그냥 기분이 좋아지고, 김치 맛도 더 좋을 것만 같은 느낌이 들기 때문이다. 맛있게 익은 김치를 식구들이 먹는 모습을 하늘에서 지켜보고 계시겠지만, 어머님이 맛 보시면 더 좋을 텐데, 하는 아쉬움이 있다.

No. 12

고부

　형님과 내게 시어머님은 '두려움'이었다. 초등학교 입학조차도 못 하신 어머니셨지만, 내가 아는 어르신들 중에 가장 똑똑하시고(지금도 그 생각엔 변함이 없다), 가장 성격이 급하시고, 가장 강하셨던 어머님! 어머님 앞에 서면 형님과 나는 바보가 된 느낌이었다. 신혼 초에 '오봉(쟁반)'을 알아듣지 못해 어머님 앞에서 우물쭈물하면서 야단을 맞던 기억이 아직도 생생하다.

　집안에서 어머님은 '존엄' 그 자체였다. 난 태어나서 처음으로 '사람이 사람을 두려워한다는 것'이 어떤 느낌인지 알았고, 그 두려움이 오래 지속되어야 한다는 현실이 절망스럽기도 했다. 그래도 어머님께 맞춰드리고 잘해드리려고 노력한 이유는, 내가 마음이 넓어서도, 착해서도 아니었다. 장애가 있는 남편 대신 가족을 책임지고, 피눈물로 삼 남매를 키우셨다는 것을 너무나 잘 알고 있었기 때문이다.

신혼 초에 내가 살던 집에서 가까운 거리에 시어머님의 친정어머님이신 '시외할머님'이 살고 계셨다. 시골에서 올라와 수원에서 지내고 있던, 장남의 아들을 돌봐주기 위해 몇 년 동안만 올라와 살고 계신 거였다. 시외할머님은 처음부터 내게 무조건적인 사랑을 베푸셨고, 우리 두 사람은 마치 연인처럼 만나면 손을 잡고 함께 있는 시간을 행복해했다. 두 사람의 관계가 너무나 지극하니 어느 때는 시어머님의 심한 질투를 느낄 때도 있었다. 난 그 당시에 마음 속 깊이 불가능한 기도를 드렸던 것 같다.

"제 시어머님이 시외할머님이시면 얼마나 좋을까요? 얼마나 좋을까요?"

내가 첫 아이를 낳았을 때, 내가 제일 좋아하던 바나나 우유 세 개를 봉지에 담아 내게 내미시던 따스한 할머님의 미소와 그리운 손! 보통 사람이 걸으면 10분 거리를, 우유가 담긴 까만 봉다리를 들고 지팡이를 짚으시며 한 시간은 족히 걸어오셨을 할머님! 내 가슴에 무조건적인 사랑을 새겨놓고 가신 그분이, 그래서 자주 몹시 그립다.

시할머님은 20여 년 전에 하늘 나라로 떠나가셨고, 두려움의 상징이었던 나의 시어머님은 어느새 내가 좋아했던 시외할머님의 모습으로 바뀌시어 온화한 미소와 따뜻한 말투로 나를 많이 사랑해 주시다가 8년 전에 하늘로 떠나셨다. 만나면 손을 잡고 행복한 이야기를 몇 시간이나 나누는 고부로 살면서, 나는 불가능이라 여겼던 나의 기도가 이루어졌다는 걸 알았다. 시간은 약이었고, 마법이었다. 그래서 내가 나이들어가는 것을 싫어하지 않는 것일까?

No. 13

나와 정리정돈

어린 시절 나는 작은 주택에 살았다. 부유하지는 않았지만, 교사인 아버지와 한복을 짓는 엄마 덕분에 돈 걱정은 하지 않고 살았던 것 같다. 나와 여동생이 쓰던 작은 방에는 책상이 있었고, 책꽂이 위에는 예쁜 엽서들을 잘 어울리게 붙여놓곤 했다. 그게 예뻐보였는지 친구가 놀러와서는, 방이 참 예쁘다며 나중에 자기 집도 예쁘게 꾸며달라고 했다.

결혼을 했다. 막내며느리였지만, 자식과 같이 살고 싶어하는 어머니, 그리고 그 어머니 소원을 꼭 들어주고 싶은 막내아들이어서, 나는 자연스레 시집살이를 시작했다. 내게 호의적이셨던 시어머님과의 가난한 시집살이는 재미있었다. 그런데 얼마 가지 않아, 왜 형님이 그렇게 안 모시겠다고 시동생에게 세뇌교육을 시켰는지 알아버렸다.

어머님은 몇 달을 잘 인내하신 거였다. 심한 잔소리와 갑자기 소리를 지르시는 습관은 같이 사는 며느리를 꽤 힘들게 했다. 둘째 아이 만삭 때는, 나도 모르게 밥을 푼 후에 밥통에 주걱을 넣고 뚜껑을 닫아(왜 그랬는지 모르겠다) 어머님의 고함소리를 들어야했다. 그 소리가 얼마나 컸는지 심장이 튀어나올 것 같아 오랫동안 진정이 되지 않았던 기억이 있다.

어머님의 정리정돈하는 습관은 이랬다. 주방에 냄비와 프라이팬이 바닥에 모두 나와있고, 바닥의 먼지는 깨끗이 닦으셨지만, 화장대 유리 같은 곳의 먼지는 그대로 두셨다. 평생 가족을 먹여살리시느라 바쁘셨던 분이셨기에 당신도 모르게 그런 습관이 생기셨을 것 같다는 생각이 훗날 들었다.

사는 게 피곤했다. 며느리 노릇에 교사 노릇에 아내와 엄마 노릇을 하느라, 나는 늘 허둥댔고, 건망중이 굉장히 심했으며, 자주 한숨을 쉬었고, 자주 아팠다. 음식 만들기와 청소는, 나를 힘들게 하는 것들이 되어 나는 최소한만 움직이고 살았다. 그러니 집안은 어수선했고, 그런 모습에 마음이 더 안정이 되지 않았던 것 같다. 내 친구들은 물론 아이들의 친구들도 되도록 집으로 초대하지 않았다.

비정상적인 게 너무 많았다. 자주 지쳐 누워있던 엄마, 자주 아픈 엄마, 어수선한 집안, 일 년에 한 번 정도 입원했던 엄마! 나의 정상적이지 않은 결혼생활은, 아이들에게 미안하고 또 미안한 시간들을 안겨주었다. 어느 날 상담 전문가인 선배 언니를 만났는데, 내게 그런 말을 해서 나를 충격에 빠뜨렸다.

"시댁이 너무 가난하고 상처가 많았다고 해도, 어머니가 자식에 대한 집착이 많으셔서 함께 살고 싶어하셨다 해도, 너무 시댁에 열심인 아내를 남편이 부담스러워하는 남자도 있더라. 나도 상담하면서 깜짝 놀랐는데, 좀 거리를 두고 싶어도 적극적인 아내 때문에 힘들다고 말하는 거야. 너도 한 번쯤 돌아보면 좋겠어."

그 말을 듣고 남편과 많은 이야기를 나누었다. 남편은 그런 사람도 있겠지만, 자기는 홀로 삼 남매를 힘겹게 키우고 사셨던 어머니를 모시고 사는 게 좋고, 어머니가 행복해하시는 것 같아 좋다고, 그런데 당신이 너무 힘들어서 미안하다고 말했다.

'그래, 나만 참으면 된다. 나만 견디면 되는 거야. 손주 사랑에 푹 빠지신 어머니, 마음이 놓이는 남편, 할머니 사랑을 듬뿍 받고 자라는 아이들, 마음 편히 살고 계시는 아주버님과 형님과 시누님! 이게 내 삶인가 보다.'

그런 세월을 17년 살아냈다. 산 것이 아니라 살아낸 것이다. 나를 제외한 모든 사람은 모두 건강하고 행복해 보였다. 나만, 나라는 사람 하나만 망가지고 또 망가졌다. 결국 천직으로 여겼던 학교를 떠나게 되었다. 병휴직 중에 만난 대학병원 내 담당의사는 젊은 여성이었는데, 내 말을 다 들으며 눈물을 주르륵 흘렸다.

"선생님, 선생님이 얼마나 소중한 사람인지 모르시는 것 같아요. 선생님은 글을 쓰고 싶은 소망이 있다고 하셨죠? 선생님은 정말 아름답고 멋지게 사실 분이에요. 제발 본인을 사랑하고 아껴주세요. 선생님은 자기학대를 하고 계신 거예요. 아무리 힘든 시댁이라고 해도, 큰며느리는 자기 살고 싶은 방식을 택해서 건강하게 살고 있잖아요? 왜 선생님 혼자 총대를 메고 힘겹게 살아야 해요? 제가 처방해 드리는 약도 아무 소용 없어요. 남편과 상의하시고 바로 분가하세요."

그 이후 셋이 시작했던 결혼생활을 청산하고, 어머님과 다른 집에서 살게 되었다. 어색한 시간이 흐른 뒤에 어머님은 당신이 줄 수 있는 사랑을 내게 다 주셨고, 나는 분가 후 십여 년을 감사하는 마음으로 살았다. 나의 건강은 점점 회복되었고, 지금은 하늘나라에 계신 어머님이 늘 우리 가족을 위해 기도하고 계심을 자주 느끼고 산다.

내 에너지가 다시 밝아지자 집안이 깨끗해졌다. 버릴 것은 과감히 버리고, 사랑스럽고 아늑한 분위기의 내 집에서, 매일 명상을 하고, 매일 음식을 정성껏 만든다. 비록 힘들었지만 내 살아온 삶에 축복을 보내며 나 스스로에게 참 많이 애썼다고 토닥여준다.

No. 14

여자의 일생

사는 게 너무 힘들었다. 겨우 마음을 다스리고 나면 또 다른 일로 어머님은 내 마음을 지옥으로 만드셨다. 내가 살고 있는 집이 휴식공간이 아닌, 답답하고 불편한 공간이었기에 내 몸과 마음은 급속도로 나빠졌다. 나는 혼자 있을 때 자주 한숨을 쉬었고, 주일 미사 시간에는 한 시간 내내 울었다. 어린아이와 노인을 특별히 좋아했던 나는 학교에서도 좋은 선생님이었고, 연세 있으신 선생님들께는 귀여움을 독차지하는 싹싹한 젊은 교사였다. 그래서 남편이 어머님을 모시자고 굳은 표정으로 말했을 때 나는 그 자리에서 오케이를 하며 웃었던 것이다. 햇살처럼 환하게 웃던 남편의 표정이 지금도 생각난다.

내가 어머님에 대해 몹시 힘들었던 점은, 늘 짜증 섞인 말투로 툭툭 내

뱉으시고, 험담을 습관적으로 하시며, 함부로 남을 무시하시는 것이었다. 내 눈에 평범해 보이는 사람도 어머님 입을 통하면, 푼수가 되고, 화상이 되곤 했다. 그 부정적 기운이 너무 강해 내 영혼까지 어두움으로 물이 드는 느낌이었다. 더더욱 내가 힘들었던 어머님 습관은 '거짓말'이었는데, 어릴 때 부터 '거짓말과 이기적인 행동과 비겁한 행동을 절대 하지 말라'고 귀가 따갑게 아버지께 훈화교육을 받은 나로서는, 어머님의 잦은 거짓말이 너무나 힘들었다.

그 많은 것들 중 하나의 예는, 어머님 환갑잔치를 준비하던 때에 일어났다. 형님과 함께 유명한 뷔페식 레스토랑을 예약하고 돌아오신 어머님은, 퇴근한 내 앞에서 계속 작은 소리로 그 장소가 마음에 들지 않는다고 말씀하셨다. 손님 대부분이 시골에서 올라올 텐데, 얼마나 불편하겠냐고 걱정을 하시며 아무래도 한정식당이 좋겠다고 하셨다. 그 모습에 가만히 있을 수가 없어서 형님께 전화를 했더니 다음날 어머님과 통화해 보겠다고 했다. 그 다음날 퇴근하고 돌아온 내게 형님은 전화로 이렇게 말씀하셨다.

"동서, 어머님은 그런 말 한 적 없으시다는데? 동서가 돈 아끼려고 그런 말을 한 거 아니냐고 말씀하셨어."

가슴에서 쿵 소리가 들렸다. 심장이 벌렁거렸다. 어머님 용돈은 물론 자주 요구하시는 목돈까지 아까운 마음 없이 척척 드리고 사는 며느리인데, 정말 미치고 팔짝 뛸 분노가 불길처럼 타올랐다. 그런 분노가 쌓이고 쌓여 나는 젊은 나이에도 늘 아팠고 울화병 환자가 되어 버렸다. 늘 환히 웃던 내가 자주 찡그렸고, 몸은 점점 말라가 41킬로의, 마치 폐병 환자 같은 몰골을 하고 있었다. 결혼한지 몇 년이 되지 않았던 어느 날, 수원 남문 앞을 지나가다가 예전에 가르치던 학생의 엄마를 보았다. 나와 눈이 마주쳤지만, 그녀는 모르는 사람을 보듯 그냥 지나갔다. 나는 그녀에게 쫓아가 내 이름을 말했다. 그녀는 너무나 놀란 표정으로 내 얼굴을 뚫어지게 바라보더니, 어떻게 이렇게 변하실 수 있냐고, 다른 사람인 줄 알았다고 걱정스러운 눈빛으로 내 손을 꼭 잡아주었다.

시어머님 모시고 살겠다고 말하는 딸에게, 고생 많이 하신 분이니 잘 모시고 살라고 말씀하셨던 친정 부모님께, 내가 사는 현실을 말씀드릴 수도 없었다. 하지만 부모인데 어찌 그걸 모르랴! 빼빼 말라가는 딸의 몸과 시커먼 다크써클, 그리고 행사 때 와서 자주 침대에 누워있던 딸의 모습에 얼마나 가슴 아파하셨을지…. 아버지 돌아가신 후 내 차 안에서 내가 통곡하며 운 이유가 바로 그것이었다. 결혼 이후 자주 아픈 모습을 보이고 살았던 것! 나름 효녀라고 생각도 했지만, 자랄 때는 참 고맙고 이쁜 딸이라는 말도 많이 들었지만, 나는 엄청난 불효를 저지르고 산 것이다.

사람은 변하지 않는다고 하지만, 17년을 모시고 의사 선생님의 권유로 분가를 하고 난 후에 우리 어머님은 180도로 변하셨다. 기적이 일어난 것이다. 절대 나를 함부로 대하지 않으셨다. 당연시하던 것들에 늘 고맙다고 하셨다. 인상도 변하셨다. 내가 좋아하는 은은한 미소를 머금은 어머님은 참 고우셨다. 말기 암으로 병원에 입원하셨을 때, 막내며느리가 병원에 있는 시간에는 통증이 없어서 좋다는 말을 당신 따님께 하셨다고 한다. 어느 한 날은 말기암 환자로 고통 받고 사는 게 너무 힘드셨는지, 내 손을 잡고 아기처럼 우시기도 했다.

내 마음에 천사로 살아계시는 나의 어머님! 어머님을 닮아 음식을 정성껏 만드는 내 모습, 그 모습에서 어머니를 발견한다.

No. 15

왕조개 미역국

어머님이 말기 암으로 투병하고 계실 때, 우리 모두는 암이라는 사실을 어머님께 숨기고 살았다. 하지만 입원하시기 전에는 암환자에게 나쁜 음식이 무엇인지 공부를 하며 어머님 음식을 만들곤 했다. 미역은 매우 좋지만, 그 안에 고기를 넣으면 안된다는 것을 알게 되었다. 그래서 공부를 더 해보니 왕조개가 암 환자에게 좋다는 걸 알아내었고, 왕조개 미역국을 자주 끓여드렸다. 어머니의 식사량은 1/3 공기 정도였지만, 미역국은 한 대접을 다 드실 만큼 잘 드셨다.

그 이후 어머님이 병원에 입원하셨을 때는 물김치를 드시고 싶어하셔서, 내가 맛있게 담글 자신은 없고, 단골 식당 사장님께 부탁해서 어머님이 좋아하시는 스타일로 만들어진 물김치를 사다가 드렸다. 어머님은 많은 양은 아니었지만, 그래도 맛있다 하시며 잘 드셨다. 지금은 맛있게 뚝딱 잘 담그는 백김치를 그 당시에 만들어 어머님께 드렸으면 얼마나 좋았을까, 아쉬운 마음이 든다.

어머님이 돌아가신 후, 첫 명절인 추석에 시누님 가족과 함께 어머님을 뵈러 갔다. 시누님이 양지를 넣은 미역국을 어머님께 올렸다. 내가 준비한 음식과 과일이 몇 가지 있었지만, 유독 그 미역국이 내 눈을 사로잡았다. 시집 와서 어머님께 배운 음식들 중의 하나가 양지 미역국이었다. 양지를 주먹만한 크기로 집어 넣고 한 시간 정도 푹 끓인 후, 손으로 고기를 찢어서 다시 살짝 더 끓이는 방식이다. 얼마나 깊은 맛이 있는지, 우리 가족은 미역국을 끓이면 한 대접 뚝딱이다. 그래서 나는 가족 생일이 아닌 날에도 가끔 미역국을 끓이곤 한다.

어머님의 어머니이신 시외할머니가 돌아가시기 전에 시골에 다녀오신 어머님이, 모시고 사는 며느리 흉을 본 적이 있다. 소주와 커피를 매우 좋아하셨던 할머니께 절대 드리지 않아, 당신이 몰래 드시게 했다고 말씀하셨다. 어차피 죽을 목숨인데, 먹고 싶은 거 드리는 게 옳다는 것이었다.

시누님의 양지 미역국을 보는 순간, 어머님의 그 말씀이 떠올랐다. 왕조개 미역국도 맛있게 잘 드셨지만, 양지로 푹 끓인 미역국도 끓여드렸어야 했을까, 스스로에게 질문을 던졌다. 하지만 입원하시기 전에는 어떻게든지 나아지시기를 바라면서 음식도 신경을 쓰던 시기라 다시 그때로 돌아간다고 해도 똑같이 그랬을 거란 생각이 들었다.

어머님이 내게 남겨주신 선물이 무엇일까 생각해 본 적이 있다. 먼저 사랑하는 나의 남편을 낳아주신 것, 그리고 우리 삼 남매의 엄마로 살게 해주신 것, 그리고 음식은 정성껏 만들어야 한다는 것! 이 세 가지가 바로 떠올랐다. 더 이상 무엇이 필요할까? 어머님 덕분에 '음식이 사랑'이라는 큰 진리를 깨닫고 실천하기에, 그 사랑으로 우리 가족은 더 행복해지고, 더 열심히 살아가는 힘을 얻고 있지 않은가! 나이 들어가는 지금의 내 모습이 꽤 만족스럽고 감사하다.

나의 아버지

나는 아버지가 용인 포곡초등학교에 계실 때 태어났다. 내가 다섯 살이 되었을 때 아버지는 수원으로 전근을 오셨고, 나는 그 후 50년이 넘게 수원 토박이로 살고 있다.

아버지는 평교사로 아이들만 가르치다가 퇴임을 하시려고 마음 먹으셨으나, 뒤늦게 관리자의 길을 준비하시느라 50대에 연천에 있는 학교에 근무하시기도 했다. 주말부부로 2년을 살았던 내가, 이 글을 쓰면서 아버지도 몇 년 동안 주말부부로 사셨다는 것이 떠올랐다. 월요일 새벽이면 5시도 되지 않아 집을 떠나 버스를 몇 번이나 갈아타며 출근을 하셨던 우리 아버지!

아버지는 두 학교의 교감을 거쳐 화성에 있는 정남 초등학교에서 교장으로 근무하시다가 정년퇴임을 하셨고, 나는 화성 송산초에 첫 발령이 난 후 계속 수원에서 근무를 하다가 용인 신갈초에서 건강이 좋지 않아 40대 초반에 학교를 떠났다.

　책을 좋아하는 것도, 교사의 길을 걸었던 것도, 세상물정에 어두웠던 것도, 잘 웃고 눈물이 많았던 것도 닮았던 우리 부녀였다. 현관에 신발을 가지런하게 놓으라는 말씀을 나는 아직도 잘 지키고 있으며, 사람을 함부로 무시하지 말라는 말씀도 지키려 노력하고 있다.

　나의 아버지는 십여 년 전에 돌아가셨다. 나는 슬프다는 말로 표현할 수 없는 그 막막함에 피를 토하듯 울었다. 내 차가 있어서 가능한 일이었다. 아버지가 없는 세상을 어떻게 살아야 할지 몰랐다. 갈치를 발라주셨던 아버지가 갈치를 볼 때마다 생각났고, 여고 3년 내내 딸의 밤길이 염려되어 버스정류장에서 기다리시던 아버지를 나는 잊을 수가 없었다. 집안 곳곳에 가득한 책들을 보면, 아버지가 책 읽으시던 모습이 영화의 한 장면처럼 스쳐지나갔다. 그 옆에는 같이 엎드려 동화책을 읽고 있던 어린 내가 있었다.

　깊은 슬픔에서 벗어나지 못하고 있을 즈음, 내가 사는 아파트 수요시장에서 머리가 백발인 할아버지가 아기 없는 유모차를 끌고 나오신 것을 보았다. 나는 내 아버지를 본 듯 그리로 달려가 할아버지께 말을 걸었다. 할아버지는 아픈 아내 대신 장을 보러 나왔다고 하셨다. 나는 급하게 지갑을 열었다. 그 안에 만 원짜리 세 장이 들어있었다. 나는 얼른 할아버지께 돈을 드리면서, 할아버지를 뵈니 아버지가 생각나서 그러니, 이 돈으로 장 보시는데 보태시라고 했다. 다행히 할아버지는 그 돈을 받으셨고, 난 깊게 고개 숙여 인사를 드리고 자리를 떠났다.

나는 아버지가 돌아가시기 얼마 전에 퇴직을 했다. 내 인생길을 안내하신 분이셨으니 당연히 퇴직에 관해 의논을 드렸어야 했지만, 아버지는 중풍이 심해져서 혀가 마비된 상태였다. 입원을 많이 했던 내가 퇴원하고 돌아온 어느날, 우리 집에 오셨던 아버지가 이런 말씀을 하셨다.

"힘들면 학교 그만 둬라."

난 그 당시에 퇴직에 대해 깊이 생각하지 않았지만, 그 말씀을 떠올리며 퇴직을 단호히 결심할 수 있었다. 늘 아버지가 그립다. 그리고 감사하다. 너무나 좋은 아버지를 만나서.

No. 17

막내딸의 봉사상

정확히 기억이 나지는 않지만 막내딸이 꽤 어렸을 때, 우리 두 사람은 저녁을 먹고 아파트 단지를 돌고 있었다. 멀리서 보니 사람들이 뭔가를 계속 피하며 걸어가고 있었다. 잘 보이지는 않지만, 궁금함을 가지고 걷다가 그 실체를 보니 바로 자전거였다. 그것도 어린이 자전거! 난 좁은 산책길을 방해하는 그 자전거를 길 가장자리에 세워두고 다시 걷기 시작했다. 그것을 보고 있던 막내딸이 내게 이렇게 말했다.

"나는 알고 있었어. 저 자전거를 우리 엄마가 치울 거라는 걸."

만일 내가 어린 소녀였고, 우리 아버지나 엄마의 손을 잡고 산책 중이었다면, 분명히 나도 그런 생각을 했을 것이다.

막내딸이 초등학생이 된 후, 희귀병을 앓고 있는 여자아이와 같은 반을

3년이나 한 적이 있다. 그건 우연이 아니었고, 그 아이를 배려한 담임 선생님의 부탁으로 그리된 것이다. 나도 학교에서 그 역할을 하는 아이들을 많이 봐왔기에 그리 쉽지 않다는 걸 잘 알고 있었다. 더 많은 친구들과 어울리고 싶은 걸 참아야 하고, 늘 아픈 그 친구에게 시선을 집중해야 하고, 친구가 아닌 엄마 같은 역할을 해야 한다는 것을.

 나는 '모야모야 병'을 앓고 있던 그 아이와 그 아이의 엄마와 우리 막내딸과 함께 김밥을 싸서 수원의 팔달산으로 미니 소풍을 다녀온 적도 있다. 그 엄마가 나에게 '언니'라는 호칭으로 부를 정도로 우리는 자주 만났고 점점 가까워졌다.

 대학을 졸업한 우리 막내딸이 그동안 받아온 상장 중에 가장 많은 것이 바로 '봉사상'이다. 남에 대한 배려가 몸에 밴 이 아이를 옆에서 지켜보는 건 나의 큰 기쁨이었다. 이 아이가 앞으로 살아가면서 만나게 될 사람들은 더 많이 웃을 것이고, 더 많이 행복할 것이다. 왜냐하면 우리 막내딸은 사람을 진심으로 사랑하는 법을 잘 알고 있는 아이니까.

시어머님의 삼 남매,
나의 삼 남매

　우리 시어머님은 18세의 막내 며느리였음에도 홀로되신 시아버님을 모시고 사셨다. 모시던 시아버님은 7년 안에 돌아가셨고, 어머님은 삼 남매의 미래를 위해 시골에서 올라와 수원에 새 거처를 마련하셨다. 시어머님의 삶은 더욱 혹독해졌고, 삼 남매는 그 와중에도 똑똑하게 잘 자라고 있었다. 시어머님이 가끔 내게 자랑하셨던 것이 있는데, '그렇게 어렵게 살았는데도, 동네 사람들이 우리 삼 남매가 귀티가 난다'라고 했고, 그 말이 늘 듣기 좋았고, 힘이 났다고 하셨다.
　어머님의 삼 남매는 모두 공부를 잘했다. 가족을 위해 아주버님은 고등학교만 졸업한 후 일찍 직장을 구하셨고, 막내인 내 남편은 장학금을 받으며 고등학교와 대학교를 다녔다. 두 아들은 같은 회사인 S 전자를 다녔고, 그곳에서 부장까지 근무를 했다. 아주버님은 능력이 뛰어나 중국 업체의 스카우트를 받아 사장으로 7년간 근무를 하시다 퇴직을 하셨고, 남편은 공기업으로 옮겨 일하다 정년퇴임 후 지금은 국가기관에서 근무를 하고 있다.

직업이 요리사인 남편의 누님은, 중학교만 나온 것이 평생의 한으로 남아있었는데, 나의 큰 딸이 대학을 입학하던 해에 야간대 입학을 했다. 중간에, 유치원 원감인 자기 딸이 아기를 낳아서 그 아기를 양육하다가 다시 복학을 하여 공부의 끈을 이어나갔다. 50대 후반의 대학생이 장학금을 받을 정도이니, 이 집안 삼 남매의 열심한 근성은 때때로 나를 놀라게 했다.

시어머님은 살아오면서 늘 주변의 동정 어린 시선을 받아야 했다. 자존심이 무척 강했던 어머니는 그 긴 세월을 이겨냈고, 많은 시간이 흐른 뒤에는 주변 사람들이나 친척들의 부러움을 한몸에 받으셨다. 한 여인의 강철 같은 신념이 쓰러져가는 가정을 살렸고, 꼬물꼬물했던 삼 남매는 어느새 중년을 살아가는 나이가 되었다.

삶이 너무 힘들어서, 앞날이 무섭도록 캄캄해서, 동네 호숫가에 잠시 서 있다가 물이 무서워 돌아오셨다는 어머니! 당신이 그날 물에 뛰어들지 않은 덕분에 가족이 해체되지 않았다. 그 덕분에 나는 착한 남편을 만나 삼 남매를 얻었다. 어머니의 강인함과 남편의 선함과 나의 감성을 고루 닮은 우리 삼 남매! 어머니는 아들, 딸, 아들 순으로 아이를 낳으셨고, 나는 딸, 아들, 딸 순으로 아이를 낳았다. 세 번째 아기를 낳았을 때 이백 점이라고 활짝 웃으셨던 어머님 모습이 떠오른다. 참으로 상처가 깊었던 한 가족을 만나, 나 또한 평범하지 않은 삶을 살았다. 여리고 감성적이며, 세상 물정 모르고 하하 호호 웃던 아가씨가, 어느새 동치미를 닮은, 백김치를 닮은 여인이 되어가고 있다.

하루를 산다. 때로는 고민거리가 있어도, '오늘 하루만 잘 살자'는 내 매일의 다짐이 있기에, 난 오늘도 씩씩할 수 있다. 그리고 자주 감사할 수 있다.

중년의 이별 준비

또래 친구들 중 가장 먼저 세상을 떠난 사람은, 아빠가 튀김집을 하시던 '기화'라는 이름의 여자아이였다. 나는 그 집에 자주 놀러 갔었는데, 집안 곳곳에 튀김 냄새가 잔뜩 배어있던 기억이 있다. 초등학생 때도 굉장히 말랐던 그 아이는 얼굴이 유난히 창백했었다. 그때 이미 백혈병이 있었던 것일까? 다른 곳으로 이사했다는 소식에 이어 얼마 후에는 백혈병으로 세상을 떠났다는 소문이 들려왔다. 실감 나지 않았던, 친구의 첫 죽음이었다.

여중생 때 눈이 부시게 예뻤던 아이가 있었다. 우리 반 반장이었는데, 그 아이의 화사한 얼굴이 지금도 생생히 떠오른다. 모든 걸 다 갖춘 그 아이를 우리는 많이 부러워했고, 선생님들의 편애도 그러려니, 하고 바라볼 정도로 마음씨도 착했던 아이다. 아주 친했던 친구가 아니어서, 다른 여고,

다른 대학을 갔기 때문에 중학교 졸업 이후 얼굴을 본 적이 없었는데, 대기업 비서로 근무하다 꽃다운 나이에 교통사고로 즉사했다는 소문이 들려왔다. 그때도 지금도 믿어지지 않는 소문이었다.

교사로 세 번째 근무한 학교에서 특수반 선생님과 각별히 친하게 지냈다. 각반에 보통 한두 명씩 있던 장애아 교육을 위해서 난 자주 특수반에 가서 학생처럼 배웠다. 교대에서 배운 지식으로는 너무나 부족한 교사였기 때문이다. 그 선생님은 따스한 사랑에다 '할 수 있는 건 스스로 할 수 있도록' 지도하는 교육이 매우 중요하다고 내게 힘주어 말했었다. 아이들에 대한 사랑과 열정에 가득 찬 그녀에게 난 반했고, 점점 절친 관계로 가까워졌다. 우리나라 특수교육 분야의 선구자 역할을 할 정도로 그녀는 꽤 유명한 교사였는데, 급성백혈병에 걸려 중환자실에 입원했을 때, '인간극장' 프로그램에 그녀의 병원생활과 장례식이 방영되기도 했다. 셋째 아이 육아휴직 중이어서, 나는 시어머님께 아이를 맡기고 매일 중환자실에 가서 그녀의 얼굴을 보고 왔다. 말을 못 하던 그녀가 내게 해준 마지막 말은, 비뚤거리는 글씨로 노트에 썼던 "언니, 고마워요."였다. 한 번도 언니라고 부르지 않던 사람이, 죽기 전에 나를 언니라고 불러주었다. 그녀를 황망히 떠나보내고는 꽤 오랫동안 힘들었다. 벌써 20여 년이 지난 일이다.

그 이후 내 곁을 떠난 가까운 친구는 아직 없다. 함께 마음을 나누고 사는 친구들의 존재가 늘 감사하다. 특히 반평생을 함께한 50년 지기 친구들은 더욱 그러하다. 그런데 나이 예순이 되니 누가 먼저랄 것도 없이 똑같이 하는 행동이 있었다. 마치 언젠가 먼저 떠날 사람처럼, 자꾸 남편에게 소소한 것들을 알려주는 것이다. 나 같은 경우는, 남편이 음식을 잘하는 편이라 함께 주방에 있을 때가 많은데, 이걸 넣어야 더 맛있다는 둥, 요런 건 조심해야 한다는 둥, 계속 아이에게 알려주듯 틈나는 대로 어떤 노하우를 설명하고 있는 것이다. 모임에서 이야기를 나누다 보니, 친구들도 다 그런다고 했다. 결혼한 지 30년이 훌쩍 넘었고, 언젠가는 누군가 먼저 세상을 떠날 것이다. 남자 혼자 남을 경우가 이래저래 더 힘들 거라는 어르신들 말씀이, 아주 먼 이야기로 느껴지지 않을 나이가 되어 그런 것일까?

한 친구는, 아들을 조용히 불러 "혹시라도 엄마가 먼저 떠날 경우에 아빠를 꼭 재혼시켜야 한다. 아빠는 혼자 살기 어려운 특별한 트라우마가 있다"라고 말했다고 한다. 또 한 친구의 남편은 믿을 만한 아들에게 "아빠가 혹시 먼저 떠나거든, 엄마를 잘 보살피라"는 부탁을 했다고도 한다. 친구들의 이야기를 들으며 좀 서글픈 마음도 들었지만, 서로를 진심으로 사랑했던 그들의 오랜 시간이 느껴져 진한 감동으로 다가오기도 했다. 그렇다면 우리가 할 수 있는 일은 무엇일까? 그저 오늘 많이 사랑해 주기. 사랑을 미루지 말고 바로 오늘, 바로 지금 사랑하기 아닐까.

No. 20

어머님의 란닝구

어머님을 처음 뵌 때가 생각난다. 결혼해야겠다는 마음이 든 내 남자가 내 손을 잡고 데리고 간 집은, 어머님과 내 남자가 둘이서 살고 있던 작은 전셋집이 아닌, 큰아들 가족이 사는 서른 평대의 깨끗한 브랜드 아파트였다. 음식 솜씨가 뛰어난 어머님과 시누님과 형님이 준비한 밥상이라, 긴장감이 있었음에도 한 그릇 뚝딱 먹은 기억이 있다. 그리고 그날 내가 입고 있었던 정장 투피스도 지금 선명하게 떠오른다.

그날 내 눈에 좀 신기해 보였던 것이 하나 있는데, 바로 어머님이 입으신 남자 란닝구였다. 나도 그렇지만, 맞이하는 입장에서도 옷에 신경을 쓸 텐데, 어머님은 평상시의 옷차림 그대로 나를 맞이하신 거였다. 우리 결혼식에 화장도 안 하시고, 머리 손질도 안 하셨던 분이셨으니, 란닝구쯤이야 정말 별 일이 아닌 것이다.

어머님은 좋아서 어쩔 줄 모를 표정으로 내게 계속 많이 먹으라고 하셨고, 다른 세 사람은 내게 이것저것 물었던 것 같은데, 그 내용은 기억에 없다. 대기업에 다닌 덕분에 선 자리가 자주 들어왔던 내 남자는, 키 165 정도의 아내를 맞이하고 싶은 욕심을 주변에 내비쳤다고 하지만(훗날 들으니) 나를 본 순간 첫눈에 반한 이 사람은 그 사실을 까맣게 잊고 키 157의 나와 결혼을 했다. 나를 만났던 수원 남문의 석산호텔 1층 커피숍에 내가 문을 열고 들어오는 순간, '저 여자가 나를 만나러 오는 여자였으면 좋겠다. 저 여자랑 결혼하고 싶다'고 생각했었노라고 남편은 훗날 몇 번이나 말했다.

부부 인연은 하늘이 허락해야 가능하다고 했던가! 우연히 주일 어린이 미사에 참석했다가, 주일학교 교사였던 나를 보고 마음에 들어 일부러 어린이 미사에만 참석했다는 한 남자는, 나중에 내가 근무하던 학교의 교사에게 다리를 놓아달라고 부탁을 했지만, 나는 이미 내 남자를 사귀고 있었다. 부부 인연이란 사람의 힘으로 어쩔 수 없는 뭔가가 있는 것 같다.

어머님을 모시고 셋이 시작한 결혼생활에서 어머님은 늘 내 남편의 란닝구를 입고 계셨다. 내 남자가 군대에서 보냈다는, 본인이 입고 있던 란닝구에 쓴 장문의 사모곡 편지를 읽으신 후 생긴 습관이었을까? 조카들이 놀러 오면 간식을 만들어준다는 이 남자, 내가 내 직업을 사랑하듯이 애사심이 강했던 이 남자는 만나면 만날수록 내가 좋아할 만한 매력이 넘쳤다. 그래서 퇴근 후 매일 만나고 헤어지는 게 싫어 자연스럽게 우리는 결혼이란 걸 한 것이다.

  남편의 팔 없는 러닝셔츠를 갤 때면 어머님이 입으셨던 팔 달린 란닝구가 떠오르고, 늘 하얗게 삶아 햇볕에 널어 말리시던 그 모습까지 떠오른다. 란닝구가 길게 늘어져 모양이 흐트러져 보기는 좋지 않았지만, 난 어머님께 그 말씀을 드린 적이 없다. 하지만 지금까지도, 행주를 삶은 후 빨아 깨끗한 물에 한나절 담가놓았다가 햇살에 널던 어머니처럼 행주만은 그렇게 한다. 그게 묘하게 나를 기분 좋게 만들어 주기 때문이다.

힘겨웠던 시집살이

    시어머님을 잘 모시고 살 자신이 있었다. 측은지심이 지나치게 많았고, 수녀가 되어 봉사의 삶을 살고 싶었던 내게, 한 많은 시어머님의 삶과 상처 깊은 시댁은 오히려 사명감으로 다가왔다.

    어머니가 좋았다. 외모가 시어머니를 닮았다는 말이 듣기 좋았다. 어머니 돌아가실 때까지 그렇게 잘 모시고 살 줄 알았다. 결혼한 지 세 달이 채 되지 않은 어느 날이었다. 시댁 식구들 모두, 지금은 '에버랜드'지만, 그 당시엔 '자연농원'이라 불렀던 곳으로 놀러 가기로 했다. 나는 결혼 전에도 부모님께 순종적이었고, 결혼 이후에도 시어머님께 순종적이었지만, 그때만큼은 안 가겠다고 했다. 나는 임신 중이어서, 주말에 몸을 쉬어주어야 한다는 판단을 했던 것이다.

모두 어머님이 계신 우리 집으로 모였다. 떠나는 가족 모두를 배웅하는데, 훗날 고모(시누님)와 이혼한 고모부가 제일 늦게 집을 나가면서 내게 의미심장한 말씀을 하셨다.

"어른 모시기 많이 힘드시죠? 많이 힘드시겠지만, 잘 이겨내세요."

나는 웃으면서 힘들지 않다고, 어머님이 잘해주신다고 했다. 그리고 시간이 지날수록 고모부가 왜 그런 말씀을 내게 하셨는지 알 수 있었다. 퇴근한 나를 붙잡고, 어머님은 늘 내게 세뇌교육을 시키셨다.

"에미야, 니가 나를 평생 모시고 살아야 혀. 니 형(형님)은 나를 안 모신단다."

그러시면 나는 어머니를 안심시켜드렸다.

"어머니, 아무 걱정 하지 마세요. 제가 어머니 평생 모시고 살 거예요."

그랬다. 그건 내 100% 진심이었다. 남편과 연애 중에 들어서 이미 알고 있었다. 장애가 있으셨던 아버님 대신 온 가족을 먹여살리느라 얼마나 피눈물을 흘리셨는지, 그리고 따로 살면서도 어머님의 괴롭힘이 힘들어 시동생인 자신을 불러, 어머님을 책임지고 살아야 한다고 형수가 신신당부를 했다는 것을.

난 내 마음 그릇이 바다인 줄 알았다. 시댁 식구 모두를 품고도 남을 줄 알았다. 어머님이 가여웠고, 가난한 집안의 장남으로 살아온 아주버님의 무게감이 가여웠고, 시어머님을 무서워하던 형님이 가여웠다. 그리고 자라면서 딸이라고 차별받으며 서러웠던 고모(시누님)가 가여웠다. 늘 정성으로 그분들을 대하고 싶었고, 내 마음처럼 눈빛도, 말도, 행동도 그랬을 거라 지금도 믿고 있다.

자꾸 알아갔다, 왜 형님이 어머님을 죽어도 못 모신다고 했는지. 퇴근하면 내 집으로 들어가야 하는데, 발길이 무거워졌다. 큰딸이 아기였을 때, 나는 그 전날 나를 괴롭힌 어머니가 보기 싫어서 동네를 빙빙 돌며 집으로 들어갈 엄두가 나지 않았다. 그래도 세상에서 제일 예쁜 내 딸이 있는 집이니, 들어가지 않을 수 없었다.

자주 심장이 벌렁거렸다. 자주 화가 차올랐다. 어머님의 습관적인 잔소리와 차가운 말투가 싫었고, 습관적인 거짓말이 너무도 싫었다. 그리고 내 안에 미움이 있다는 현실이, 인정하고 싶지 않을 정도로 비참했다. 그 마음을 매일 일기에 풀어냈다. 쓰다가 한숨을 짓고, 쓰다가 눈물을 쏟았다. 대기업에 다니던 남편은 스트레스를 술로 풀던 이상한 직장 분위기에 휩싸여, 일주일이면 서너 번 정도 집에 늦게 들어왔다. 그랬으니 밤마다 일기를 쓸 수 있었을 것이다.

마치 꿈을 꾸는 것 같았다. 내가 그런 마음으로 살 줄 상상도 못했었다. 마음이 괴로우니 몸이 점점 말라가고, 나는 자주 아픈 사람이 되어가고 있었다. 결혼 3년 차, 내 마음의 고통이 너무나 커서 형님에게 도움을 청했다. 힘들어도 기도하고 풀고 또 풀며, 어머님의 한 많은 삶을 떠올리며, 용서하고 또 용서하면서 어머님의 좋은 며느리가 되려고 애썼지만, 한계에 부딪힌 느낌이었기 때문이다. 그 힘듦이 뭔지 너무나 잘 아는 동서지간이니, 난 형님에게 내 마음을 전했다.

"형님, 도와주세요. 제 마음이 지옥이에요. 방학 한 달 동안만 어머님을 모셔주세요. 제가 더 기도하고 마음을 잘 다스리고 있을게요."

전화로 내 말을 들은 형님은 단호했다.

"동서, 난 못 모셔. 어머님이 우리 집에 오시면 난 불편해서 못 살아. 매일 다니는 수영장도 못 갈 거야. 그리고 어머님이 집에 오시면 남편이 나를 대하는 태도가 달라져."

난 알았다고 전화를 끊었다. 어머님이 남편이 있었어도, 아버님의 시골 요양생활로 남편이 없는 사람처럼 사셨기에, 아주버님도 내 남편처럼 조심하는 부분이 있었을 것이다. 자기 전에는 절대 방문을 닫지 않는 내 남편처럼.

난 홀로 절벽에 서 있는 느낌이었다. 남편과는 대화를 잘하는 편이었지만, 대화할 시간이 부족했고, 내 마음이 힘들다고 하소연을 하면 남편은 늘 같은 말을 반복했다.

"당신은 좋은 환경에서 자란 착한 사람이잖아. 당신은 좋은 선생님이잖아. 우리 엄마는 살아오시면서 고생을 너무 많이 하신 분이야. 나도 자라면서 엄마의 잔소리와 사나운 말투가 너무 싫었어. 하지만 참았어. 엄마가 불쌍해서. 미안해. 정말 미안해. 우리 엄마를 이해해 줘."

그 말이 일회용 대일밴드 역할을 했지만, 나는 서서히 몸과 마음이 망가져가고 있었다.

제자가 우울증의 늪에서
빠져나온 이유

나는 심리 전문가는 아니지만, 학생들의 표정을 보면 어느 정도 아이 상태를 짐작할 수 있었다. 얼굴이 밝은 아이, 뭔가에 화가 나 있는 아이, 불안하고 슬픈 눈빛을 하고 있는 아이, 그리고 가장 심각해 보이는 건 '자포자기'를 드러내는 초점 없는 눈빛을 하고 있는 아이였다. 화가 나 있는 아이는 어느새 화가 풀려 방긋 웃지만, 슬픈 눈빛과 자포자기 느낌의 눈빛은 내가 바꾸기 힘든 절벽 같은 것이었다.

오랫동안 아이 가슴에 쌓여있는 그 상처를 내 힘으로 어찌한단 말인가! 때로는 일기장에 슬쩍 내비치기도 하지만, 보통은 마음의 빗장을 걸어 잠근 채 일 년을 보내다가 새 학년으로 훌쩍 떠나버린다. 그저 내가 할 수 있는 일은, '선생님은 너를 사랑해. 네가 잘되기를 바란다'는 메시지를 끊임없이 보여주는 것이었다.

이 글의 주인공인 나의 제자는, 분노와 비웃음이 묻어있는 눈빛으로 사람들을 바라보던 아이였다. 내가 아이의 선생님이라고 해도 예외일 수는 없었다. 친구들은 그 아이를 피했다. 아이는 스스로 왕따가 되어 살아가고 있었다. 그건 아이에게 아무런 문제가 되는 것 같지 않았다. 아이는 그렇게 나와 일 년을 보낸 후 나를 떠나갔다. 그리고 다음 해 스승의 날에 꽃 한 송이를 들고 찾아왔다. 와서 별말도 하지 않고 돌아갔다. 그렇게 아이는 스승의 날이면 나를 찾아오더니, 언젠가부터 내게 자기의 이야기를 하기 시작했다.

"선생님, 나는 정말 재수가 없다고 생각했어요. 왜 나는 저런 부모를 만났을까? 그게 항상 화가 났어요. 다른 집 아이들은 다 행복해 보이는데, 나만 아닌 것 같았거든요. 나는 아버지, 엄마의 자식인 게 항상 부끄러웠어요. 빨리 어른이 되어 집을 떠나는 게 제 목표예요. 어린 나이에 가출은 자신이 없어서요."

아이는 중학생 때 게임 중독에 빠졌다. 그나마 자기가 살아있는 느낌을 주는 고마운 것이라고 했다. 나는 아이의 이야기를 듣고 있으면 자꾸만 한숨 소리가 크게 나올까 봐 조심하곤 했다. 나중에야 알았다. 게임중독도 우울증의 한 증세라는 것을.

나는 아이에게 공부를 좀 해보라고 했다. 내 남편의 어린 시절 이야기까지 꺼냈다. 너무나 가난했고, 늘 바쁘신 어머니는 아들의 공부를 꼼꼼히 챙기지 못했다는 것, 그래서 초등학생 때 학교도 종종 빠지고, 숙제도 자주 안 해 간 학생이었다는 것, 그러다 중학생이 되어 돈도 없고 배경도 없는데, 공부라도 잘해야 내가 성공할 수 있겠다라는 생각이 불현듯 들어, 그때부터 미친 듯이 공부를 하기 시작해 고등학교도 대학교도 장학생으로 다녔다는 것, 그리고 남들이 부러워하는 대기업에 당당히 취직을 했다는 것(남편은 40대에 공기업으로 직장을 옮겼다)을 자세히 설명해 주었다.

아이는 중간 정도의 성적이었지만, 그 이후 성적이 빠르게 올라가기 시작했다. 그리고 자기가 목표했던 대학에 입학할 수 있었다. 너무나 고맙고 자랑스러운 순간이었다. 공부에 매진하면서 아이의 굳은 표정도 조금씩 풀렸고, 시간이 지날수록 예전 분위기를 상상할 수 없을 정도로 밝아졌다. 하지만 마음의 깊은 상처는 꼭꼭 숨어있다가 아이에게 '우울증'이라는 병명으로 찾아왔고, 아이는 적극적으로 전문가를 만나며 극복해 내고 있었다. 그런데 대학 졸업 후 직장 생활을 하며 스트레스를 심하게 받으면서 우울 증세가 더 심해져 계속 약을 먹을 정도가 되었다. 급기야는 갑자기 상태가 나빠져 자살 충동까지 느낄 정도가 되어 직장까지 그만두었던 것이다.

한 일 년 정도 힘든 시간을 견디던 아이가, 다시 벌떡 일어선 이유를 알게 되었다. 알코올 중독에 폭력성이 있던 아버지, 그리고 그 스트레스를 딸에게 풀던 엄마! 아이는 세상에서 가장 불편한 장소가 집이라고 했다. 아버지는 왜 저러고 사나? 엄마는 왜 저러고 사나? 제대로 살지도 못하는 주제에 왜 아이는 낳아서, 자기를 이렇게 고통스럽게 하나! 부모를 보면 미움이 치솟아 올라 되도록 얼굴을 보지 않으려고 애썼다고 한다. 그랬던 아이가 이제는 부모님을 용서한다고 했다. 나는 도움이 될 만한 책들과 좋은 영상들을 꾸준히 추천해 주곤 했는데, 어느 순간 깨달음이 온 것이다. 책이나 영상을 통해 우리에게 삶의 지혜를 주신 고마운 분들 덕분이다.

"선생님, 우리 아버지는 새엄마 밑에서 자랐어요. 구박을 엄청 받고 자랐대요. 새엄마가 낳은 자식들과 차별도 많이 받았고요. 그래서 저처럼 일찍 집을 나와 빨리 가정을 만들고 싶었나 봐요. 본인도 이런 남편, 이런 아빠가 될 줄 몰랐겠지요. 스물네 살에 스무 살 아내를 만나 결혼을 하고 아이를 낳은 거죠. 일이 제대로 풀리지 않자, 술을 입에 대기 시작했고, 폭력이 심했던 아버지를 미워했으면서 그대로 따라 하게 될 줄 몰랐을 거예요. 엄마 또한, 자기 집이 싫어서 아버지를 만나 일찍 결혼을 했지만, 다시 지옥이 시작된 거죠."

아버지의 어린 시절과 엄마의 어린 시절, 그리고 스물넷의 남자와 스무 살의 어린 여자를 떠올려봤어요. 지금의 제 나이보다 훨씬 어린 나이죠. 스스로도 바로 서지 못하는 두 사람이 그래도 한 아이를 재우고 먹이고, 공부까지 시키며 키워냈다는 게 고맙다는 생각이 들었어요. 그래도 저를 버리지는 않았잖아요."

제자는 이렇게나 큰 사람이 되어있었다. 아직은 관계가 어색하지만, 저주하던 두 사람을 측은지심으로 바라보기 시작했으니, 그 세 사람은 점점 가까이 다가갈 것이다. 상처가 가시가 되어 옆에 있는 사람을 찌르고, 그 상처받은 사람은 또 옆에 있는 사람을 찌른다. 정말 무서운 '이어짐'이다. 그래서 과감히 '질긴 내림'을 끊어낼 용기가 있어야 그 집안의 고통이 막을 내릴 것이다. 나의 지혜로운 제자처럼 말이다. 요즘 이 제자를 떠올리며 나 또한 좀 더 성숙해지고 있다는 생각이 든다. 그 아이는 나의 제자가 아니라, 내 스승이 되고 있었다.

No. 23

어디에나
길은 있다는 말

2002년, 나는 셋째 아이 육아휴직 3년 후 사직서를 썼다. 체력이 약한 나는 그냥 내 세 아이 키우는 거에 만족하며 살기로 결정을 했다. 귀한 남의 자식을 키우는 교사라는 사람이, 건강하지 못한 건 '큰 죄'였기 때문이다. 내가 사직서를 쓰고 있는 모습을 보며 깊은 한숨을 쉬던 연구부장님은, 계속 나를 말리고 계셨다. 애들 잘 가르치는 채 선생 같은 사람이 학교를 그만두면 이 나라가 어떻게 되겠냐며 농담까지 하셨다. 나는 웃으면서도 단호하게 이제 그만 멈추고 싶다고 말씀드리고 집으로 돌아왔다.

그리고 며칠 뒤에 연구부장님이 내게 전화를 하셨다. 서류가 잘못되어 다시 써야 하니, 학교에 나오라는 말씀이었다. 나는 도장을 챙겨 다시 연구

부장님을 만났는데, 거기에는 복직 신청서를 쓰고 있는 동료 교사가 있었다. 같은 교대를 다니면서는 몰랐지만, 학교 근무를 하면서 친하게 지내던 친구였다. 연구부장님은 이것도 하늘의 뜻인 것 같다고, 이 친구처럼 빨리 복직원을 쓰라고 재촉하셨고, 난 그 두 사람의 권유에 넘어가 복직원을 쓰고 말았다. 그리고 5년을 더 근무하다 학교를 완전히 떠난 것이다.

그 친구와 '율곡 연수원'이란 곳으로 복직 교육을 받으러 갈 때, 친구 남편의 차를 타고 갔다. 수원에서 서너 시간 걸리는 곳이어서 캄캄한 새벽에 그곳을 향해 출발했다. 내 친구는 키가 좀 큰 편이었는데, 그 남편은 키가 좀 작았고, 인상이 굉장히 좋았던 걸로 기억한다. 그 부부는 결혼을 좀 늦은 나이에 했지만 아이 셋을 쪼르르 낳았고, 난 첫째와 막내의 터울이 아홉 살이나 되는 세 아이의 엄마였다.

그 친구가 가끔 말해주던 남편과 아이들 이야기는 꽤 재미있었다. 친구보다도 더 정스러운 남편으로 인해 가정은 늘 재미있고, 따스한 느낌이었다. 연애 기간에도 피곤한 애인을 위해 한약을 지어준 남자였으니, 얼마나 다정다감한 남자였는지 알 것 같았다. 그 친구가 해준 여러 가지 말 중에서 내 가슴에 날아와 콕 박힌 것이 하나 있다. 그 당시에는 내비게이션이 없었는데, 이 남자는 모르는 곳을 향해 가면서도 항상 자신감이 넘쳐서 그 이유를 물었더니 이렇게 말했다고 한다.

"어디에든 길이 있어. 그래서 난 겁이 나지 않아."

그 말이 내게 얼마나 큰 감동으로 다가왔는지 모른다. 그 말은 비단 운전뿐만 아니라, 삶에도 적용할 수 있는 보석 같은 말이 아닌가! 내가 전근을 가고, 학교를 퇴직하고, 그 사이 전화번호도 바뀌고, 어느 한 날은 전화번호가 통째로 날아간 때가 있어서, 그 친구의 연락처는 없지만, 난 믿는다. 그 부부는 인생을 정말 잘 살아가고 있을 거라는 걸.

No. 24

이별 여행_
전투적이었던 그날의 기억

　나는 집안 대청소를 하고 있었다. 오후 세 시쯤 남편에게 카톡이 왔다. 이른 퇴근을 해서 어머님 병원에 다녀오겠다고. 나는 그러라고, 기다리고 있겠다고 했다. 그날은 어머님이 집에 오시는 날이었기 때문이다. 그동안의 모든 상황을 알고 있던 나의 절친이 전화를 했다. 그만 청소를 멈추고 남편과 함께 병원에 가서 어머님을 모시고 와야 한다고 재촉을 했다. 나는 알았다고, 남편에게 나를 태워서 같이 가자는 카톡을 보냈다.
　병원 로비에 도착했더니 형님과 아주버님이 미리 와서 우리를 맞이하셨다. 아주버님은 담담한 표정으로 우리 부부를 보면서 말씀하셨다.
　"내가 의사선생님께 잘 말씀 드려놓았으니, 어머님은 밖으로 안 나가서도 됩니다."

'이게 무슨 소리지? 남편이 우리 집으로 모셔간다고 말씀드렸을 텐데?'

나는 두 분의 눈을 번갈아 바라보면서, 아니라고, 어머님 모실 준비가 끝났으니 우리 집으로 모시고 가겠다고 했다. 아주버님은 허허 웃으시면서 넷이 같이 의사선생님을 뵈러 들어가자고 하셨다. 어머님의 주치의는 젊고도 선한 눈빛을 가진 분이셨다. 어머님의 1일 외박(입원한 후 한 달이 지나면 퇴원했다가 다시 입원을 하는 의료 시스템이 있다)을 못 하게 막으시는 아주버님의 뜻을 남편에게 전해 들은 후, 나는 며칠 전에 미리 주치의를 찾아갔었다

"선생님, 저는 어머님을 모시려고 준비를 모두 마쳤습니다. 왜 어머님을 못 나가시게 하는지 모르겠어요."

몹시 당황스러운 표정으로 주치의는 내게 이렇게 말씀하셨다.

"보호자분들이 의견을 하나로 통일해서 오셔야지, 큰 아드님 부부는 오셔서 어머님을 모실 집이 없으니 밖으로 나가지 않게 해달라고 간절히 부탁을 해서, 의료법이 그럴 수는 없지만 알아는 보겠다고 했습니다. 이런 경우가 제 입장에서는 매우 곤란하고 불편합니다."

며칠 전에 찾아왔던 막내며느리와 그전에 찾아왔던 큰아들 부부와 무거운 표정으로 바라보고 있는 막내아들, 그 네 사람을 바라보는 주치의의 표정은 매우 불편해 보였다. 아주버님이 대표로 나서서 두 손을 모으고 공손한 태도로 말을 꺼내셨다.

"지난번에도 말씀드렸다시피, 저희 사정이 좋지 않습니다. 잘 부탁드립니

다."

내 심장이 벌렁벌렁 요동을 쳤다. 병원에 계시면서 매일 집에 가고 싶다고 노래를 부르셨던 어머님이신데, 법적으로도 그런 제도가 있는데, 왜 그걸 저렇게 악착같이 막으려고 하실까? 우리 집으로 모시겠다는 것도 이미 알고 계시는데…. 지금 뭐 하시는 거냐고 소리를 버럭 지르고 싶었다. 하지만 가슴을 쓸어내리며 나는 간절한 눈빛만 주치의 선생님께 보내고 있었다.

그렇게 몇 분이 흘렀고, 그분은 내 손을 들어주셨다. 나는 속으로 감사합니다,를 크게 외쳤고, 그 자리에서 목례를 하고 나왔다. 어머님 병실로 올라가는 발걸음이 두둥실 날아가는 것만 같았다. 병실에 들어서자마자 어머님께 집으로 가자고, 어머님이 의사 선생님 말씀을 너무나 잘 들으셔서, 밖에 나가는 걸 허락하셨다고 말씀드렸다. 눈물이 나려는 걸 꾹꾹 눌러 참으며 어머님 옷을 입혀 드렸다. 36킬로그램으로 많이 마르신 어머님께 옷을 입혀드리는데, 옷이 너무나 헐렁해 있어서 가슴이 아팠다. 간병하시는 분도 함께 모시고 갔다. 어머님 약을 처방받고 주의사항을 수간호사님께 들은 후, 어머님을 모시고 집을 향했다. 운전 속도를 최대한 줄이라는 간호사님 말씀에 따라, 남편은 30 정도의 속도로 천천히 운전을 했다. 마치 소풍을 가는 어린아이처럼, 어머님은 창밖의 꽃들과 하늘을 바라보며 예쁘다고 계속 말씀을 이어가셨다.

집에 도착해 안방 침대에 있는 보송보송하면서도 가벼운 이불을 만져보시고는, 이런 이불은 처음 봤다고, 어쩜 이렇게 보드랍냐고 감탄을 하셨다.

어머님을 위해서 이불 가게에서 가장 좋은 이불 세트를 산 걸, 스스로 잘했다고 칭찬해 주고 싶은 순간이었다. 서울에 있는 큰딸까지 내려와 우리 가족은 모두 한자리에 모였다. 어머님 옆에서 종알종알 떠들었고, 어머님은 당신이 환자라는 걸 잊고 환하게 웃고 계셨다. 어머님은 침대에서, 간병하는 여사님은 침대 옆 매트에서 주무시는 동안, 우리 부부는 만일의 사태에 대비해 거실에서 밤을 꼬박 새웠다. 그리고 아침 식사까지 마치신 어머님을 다시 병원으로 모시고 갔다. 아주버님과 형님이 병원에 미리 도착해 있었고, 아주버님은 휠체어를 타신 어머님을 병실로 모시고 올라갔다.

그렇게 하루가 지나갔다. 마치 전투를 치른 느낌이었다. 어머님의 첫 소풍은 매우 아름다웠고, 그다음 소풍을 어머님과 기약했지만, 어머님은 다음 소풍이 오기 전에 이 세상을 떠나시고 말았다. 어쩌면 없었을지도 모를 어머님의 처음이자 마지막 소풍은, 어머님에게도, 우리 부부에게도, 우리 삼 남매에게도 잊을 수 없는 추억이 되었다. 참 소중하고 귀한 하루였다.

Chapter 2
사랑의 진실

'이젠 아무 걱정 없다'는 말

"이젠 아무 걱정 없다."

이 말은 내가 아는 여인들 중에 가장 고단한 삶을 사셨던 나의 시어머님이 자주 쓰시던 말씀이었다. 내 오랜 시집살이, 그 시절에도 어머님이 많이 쓰셨을지 모르는데, 내 기억에는 해마다 김장을 하시고 난 후에 어머님은 꼭 이 말씀을 하셨다.

세월이 흘러 흘러 큰딸이 고등학생이었을 때, 나는 수업을 전혀 하지 못할 정도로 몸과 마음이 와르르 무너져 학교에 6개월 병 휴직 진단서를 냈고, 이어서 또 6개월, 이어서 사직서를 냈다. 그 원인을 오랜 시집살이로 인한 스트레스로 판단하신 의사 선생님은 약과 함께 분가를 권유하셨고, 나는 과감하게 용기를 낼 수 있었다.

한 여인으로서 너무나 고생 많으셨던 어머님과 평생을 함께 살다가 하늘나라로 고이 보내드렸으면 얼마나 좋았을까? 드라마에서 그런 장면이 나오면 나는 아직도 부러운 시선으로 바라보곤 한다. 어쨌든 우리는 분가 이후에도 며칠에 한 번꼴로 자주 만났고, 내가 몸이 아프거나, 집안이 엉망진창일 때도 아무 연락 없이 우리 집에 오시던 어머님을 나는 그냥 받아들이고 살았다. 17년을 모시고도 살았는데, 그 정도의 불편함은 아무것도 아니었으니까. 그리고 진심, 나는 어머님을 안쓰러워하고, 마음속 깊이 좋아하던 며느리였다.

어머님의 인생에는 별 같은 두 사람이 있다. 너무나 똑똑하고 잘 생긴 당신의 큰아들과 내가 낳은 큰딸이었다. 아주버님은 어머님의 아들이자, 연인이자, 남편이었다. 불면 날아갈까, 가난한 살림에도 온 정성을 다해 키운 자식이었다. 또 한 사람인 우리 큰딸은 '여자, 딸'을 싫어하는 어머님을 완전히 바꾸어 놓은 존재였다. 당신 딸도 아들과 차별해서 키우셨고, 딸이 낳은 딸을 보고 산부인과에서 휙 돌아 나오셨다는 이야기는, 시누님 입을 통해 들었다.

내가 봐도 착하고, 기특하고, 똑똑하기까지 한 우리 큰딸은 어머님의 가장 큰 자랑거리였다. 아이가 무슨 상을 받았는지, 어떤 기특한 행동을 했는지, 할머니께 어떤 선물을 드렸는지, 많은 사람들이 알고 있었다. '한 사람이 한 사람을 저렇게 사랑할 수가 있구나'하는 걸 어머님을 보며 알았다. 더군다나 두 며느리에게 특히 힘든 시어머님이셨고, 주변 사람들에게도 쉽지 않은, 충청도 말로 성격이 삘쭉맞은(시막내외삼촌이 나를 위로하느라 자주 쓰신 단어이다) 분이셔서 더욱 그랬다.

어머님에게 그런 존재인 나의 큰딸이, 소위 말하는 명문대에 합격했을 때 어머님의 기쁨은 이루 말할 수 없었다. 어머님이 1인 방송국이 되시어 딸의 합격 소식은 여기저기 빠르게 퍼져나갔다. 그때의 어머님이 하신 "이젠 아무 걱정 없다"라는 그 말씀은 지금도 생생히 떠오른다.

말기 암으로 투병 중이실 때, 기운이 없어 누워계시다가도 그 두 사람이 병실 문을 열면 물개박수를 치시던 우리 어머님! 어쩌면 어머니는 정말 행복한 삶을 살다 가신 분인지도 모른다. 누군가를 깊이 사랑하고, 그 존재를 자주 보고 살 수 있다는 건, 얼마나 큰 기쁨인가!

어머님의 입에서 흘러나왔던 '아무 걱정 없다'는, 나에게도 자연스레 스며들었는지, 내게 긍정의 힘을 자주 심어준다. 감사하는 마음이 이어지게도 한다. 내뱉은 말은 씨가 되어 현실을 창조한다고 한다. 아홉 가지 좋은 일이 있는데도 한 가지 근심거리가 있을 때, 보통의 사람들은 그 한 가지 생각에 빠져 하루의 긴 시간을 보낸다. 나 또한 그런 사람이었다. '생각의 늪'이란 정말 무서운 것이니까. 평범한 우리가 100% 여여한 삶을 살아내기는 어렵겠지만, 의도적으로 긍정의 말과 감사 습관으로 어느 정도는 평화 안에 머무르는 하루를 보낼 수는 있을 것이다. 어찌 보면 나의 하루도, 나의 인생도 내가 만들어 나가는 것일 테니까.

No. 26

'내가 너한테
어떻게 했는데'의 함정

페이스북을 시작한 후 만났던, 잊지 못할 댓글이 몇 개 있다. 그 댓글들은 거의 지나가는 나그네가 쓴 글이었다. 그중 하나의 글을 떠올려본다. 그 댓글은 '효'에 대한 나의 글을 읽고 한 맺힌 자기 이야기를 쓴 글이었다.

"저는 집안의 막내아들입니다. 다른 형제들보다 공부도 많이 못 했습니다. 하지만 홀로 계신 어머니를 모시는 건 저예요. 다른 형제들은 바쁘다는 핑계로 연락도 자주 하지 않아요. 저는 결혼도 안 하고 어머니를 극진히 모시고 있습니다. 다른 형제들을 생각하면 미워죽겠어요. 저 하나만 자식 노릇을 하고 있는 겁니다."

이런 내용이었던 걸로 기억한다. 이 댓글을 읽는 순간 어떤 답답함이 가슴을 짓눌렀다. 막내며느리로 살면서 나름 효도한다고 생각하며 어머니를 모시고 살았는데, 내 안에 이런 비슷한 마음이 있던 건 아닐까, 떠올렸던 것이다. 아니라고, 순수한 마음으로 모시고 살았다고, 나의 긴 시집살이에 대해 스스로 평가를 내리고 있었는데 말이다.

이 댓글을 읽고 떠오른 지인이 한 사람 있었다. 그녀는 자라면서 다른 형제들과 비교 당하며 받은 상처가 크다고 내게 말했다. 그런데 평범한 다른 형제들에 비해 유독 '효'에 집착을 했다. 그러니 계속 '니가 최고다'라는 칭찬을 부모님이나 형제들에게 들으며 살고 있었다. 하지만 그녀는 자주 눌러놓은 화를 표출했는데, 그 정도가 좀 심했다.

나의 어머님에 대한 사랑이 정말 순수했을까에 대한 의문이 든 사건이 있었다. 어머님이 말기 암으로 고통받으셨던 그 시기에, 모든 경비를 아주버님과 형님이 책임을 지고 시댁 삼 남매에게 정산한 A4용지 복사본을 나누어주었을 때였다. 거기에는 아주 작은 금액의 물건까지 빼곡히 적혀있었다. 파스 3천 원, 물 티슈 2천 원, 연고 4천 원, 등등…. 사는 물건 모든 것의 영수증을 달라고, 정산에 넣겠다고 하셨지만, 우리 부부는 그러지 않았다. 지금도 우리 집에는 몇 번에 걸쳐 주셨던 A4용지들이 있다.

두 분의 그런 모습에 내 마음에 뭔가가 불쑥 올라왔다. 내가 그 긴 세월을 어떻게 살아왔는데, 내가 어머니 모시고 사느라 얼마나 힘들었는데, 매달 드리는 것 말고도 어머니께 혼자서 드린 목돈이 얼마나 많은데…. 내 머릿속은 계속 그런 걸 떠올렸고, 내 가슴은 답답함과 서운함이 자꾸 올라왔다. 원하시는 1/N을 정확히 입금해 드렸고, 내 상식으로는 '저건 아닌데'라는 마음이 올라오는 여러 가지 사건들이 있었지만, 우리 부부는 어머님을 잘 보내드리기 위해 그저 마음을 쓸어내리고, 오로지 어머님만 생각했다. 그래서 아무런 불란 없이 어머님을 보내드릴 수 있었다.

'내가 어떻게 했는데'가 내 마음에 자리하는 걸 보며 나는 스스로 놀라고 있었다. 그런 일이 현실로 닥치니, 내가 했던 많은 것들이 떠오르며 나는 효도 점수를 매기고 있었던 것이다.

어느 상담심리학자가 이런 말을 한 적이 있다. 자식들이 부모에게 가장 듣기 싫어하는 말은 '내가 널 어떻게 키웠는데'라고. 그래서 그 족쇄로 자식이 얼마나 심적 부담을 크게 느끼는지 모른다고, 반복되는 그 말이 자식을 점점 멀어지게 한다고도 했다.

'했다는 마음, 주었다는 마음'만 잘 비우고 살아도, 우리의 삶이 더욱 행복할 수 있으리라는 생각이 든다. 존재 자체만으로도 고맙고, 귀하고, 사랑스러운 사람들이 내 앞에도, 당신 앞에도 많이 있지 않은가!

No. 27

나는 가끔
무식해서 용감했다

　우리 옛말에 '무식하면 용감하다'는 말이 있다. 소심하고 얌전하고 부모님 말씀에 순종하며 자란 나에게, 그 말은 전혀 어울리지 않는 말이었다. 그런데 내 안에 그런 기질이 숨어있다가 밖으로 나오기 시작한 건, 남들이 두려워하는 '시집살이'를 너무나 자신만만하게 받아들이며 시작되었다.

　'뭐가 문제란 말인가?'

　내가 사랑하는 남자가 그렇게 간절히 원하는 일이고, 고생 많으셨던 한 어르신을 모시는 당연한 일이고, 나 자체가 사람을 좋아하는 사람이 아닌가! 특히 나는 아이들과 어르신들과 교감이 잘 이루어지는 사람으로서 그동안 누구나와 잘 지내지 않았던가!

여동생은 내게 '잔다르크'라고 했다. 마음 여린 언니가, 그런 힘든 시집살이를 하며 시댁 형제들까지, 조카들까지, 더 나아가 시댁에 연결된 인연들까지 그렇게 챙기며 사는 모습이 전투적으로 보인다고 했다. 나도 몰랐다. 그저 아이들 사랑하는 초등 교사였던 나에게 어떻게 그런 엄청난 에너지가 있었는지. 아마도 사람답게 사는 길이라고 나름 확신을 가졌던 것 같다.

그 이후 다 싫어하는 학교 대표 연구수업도 내가 하겠다고 손을 번쩍 들었고, 약하디 약한 교사를 괴롭히는 교감선생님 앞에 서서 '일보다 사람을 먼저 생각하시라'라는 조언까지도 했다. 왜냐하면 그 교사는 출산 후 산휴 중인 사람이었고, 그 당시 하혈로 큰 고통을 받고 있었기 때문이다. 그 교사가 학교로 돌아오자마자 해야 할 엄청난 일을 미리 정해놓고, 그 교사를 공포로 몰아넣었던, 내가 만난 관리자 중 인성 최악의 교감이었기 때문이다. 무서운 분이셨고, 찍히면 괴롭히는 그 교감에게 무슨 말씀을 드려야 할지는 알았으나, 그 앞에 서겠다는 교사는 한 명도 없었다. 무식한 나는 그때 또 용감하게 나서고 말았다.

보통 사람의 눈으로 보면 손해날 만한 짓을 가끔, 그렇게 쉽게 할 때가 있었다. 사람의 도리랄까? 힘없는 누군가가 강자에게 짓밟히는 건 정의롭지 못하다는 신념이었을까? 비겁하게 살지 말라는 아버지의 말씀 때문이었을까? 그렇게 나는 가끔, 무식해서 용감했다.

시댁은 나에게 너무나 무거운 짐이었다. 시어머님의 거친 말투와 부정적 기운, 자식과 함께 살고 싶어 하시는 절절한 마음, 아내 마음을 이해해 주고 싶은 아주버님의 내게 향한 미안함, 최선을 다하되 어머님만큼은 모실 엄두를 못 내는 형님, 힘든 자기 이야기를 두 시간이나 전화로 자주 털어놓던, 경제적 지원이 필요했던 이혼한 시누님까지. 시댁에서 내가 가장 키가 작고 내가 가장 나이가 어린데, 내가 마치 그들 모두를 품고 사는 엄마 같았다.

도리와 책임감에 짓눌려 나는 심한 스트레스로 몸이 서서히 망가져갔다. 마음도 황폐해졌다. 어쩌면 매일 만나는 나의 학생들이 나에게 에너지를 공급해 주었는지도 모른다. 나를 사랑한다는 남편도 내가 그 역할을 충실히 해주기를 바랐다. 상처 깊은 시댁의 따스한 온기가 되고 싶었던 내가, 어느새 가장 상처 깊은 사람이 되었다. 나를 제외한 모든 시댁 식구들은 건강했고 행복해 보였다. 어머님이 말기 암으로 돌아가시기 이전에 어머님은 장염으로 딱 한 번 입원을 하신 적이 있다. 그리고 나머지 사람들은 입원이 뭔지도 모르게 몇십 년을 사는 동안, 나는 거의 해마다 입원을 할 정도로 늘 아프고 살았다. 학교에서는 '가장 몸 약한 교사'라는 꼬리표를 달고 살았다. 건강은 당연하고, 결혼 전 결석이나 결근 없이 살던 나는, 이상하게 돌아가는 이 현실이 너무나 비참했다. 서러웠고 억울했다.

어느 날 친구 모임에서 나는 이런 말을 한 적이 있다.

"나도 우리 형님처럼 살 걸 그랬나 봐. 싫은 건 싫다고 말하고, 못하는 건 못한다고 말하고 살걸. 책임감 없는 이기적인 사람이라고 시비분별을 속으로 많이 했었는데, 결론은 이래. 형님은 늘 건강했고, 난 늘 아팠어. 왜 우리 아버지는 날 이렇게 키우셨을까? 좀 손해 보고 살아라. 사람답게 살아라. 비겁하지 마라. 그런 말들이 내 세포 속에 각인되어서 나도 모르게 그게 옳다고 판단했고 그렇게 살았던 거 같은데, 지금은 내가 너무 바보 같고 그렇다."

신혼 초에 내게 왜 시집살이를 받아들였냐고, 나중에 후회할지 모른다고 말했던, 결혼을 먼저 했던 친구가 나를 보고 아무 말을 하지 못했다.

그동안 병원생활도 많이 했었고, 교사 아닌 나를 상상도 못했던 내가 학교를 나왔고, 어느새 나의 삼 남매는 성인이 되었다. 그리고 나는 내 살아온 이야기들을 글로 풀어내는 글쟁이로 살아가고 있다. 앞으로 나의 남은 삶은 어떻게 펼쳐질까? 그래도 지혜가 뭔지, 자기 사랑이 왜 소중한지를 깨달았으니, 예전보다는 잘 살아가지 않을까.

두려움 극복 방법

　교대 3학년 때 참관 실습을 나가기 전이었다. 너무 떨려서 영어연구회 동아리 담당 교수님을 찾아가 상담을 청했다. 발표하는 것을 극도로 싫어하던 학창 시절을 보낸 나인지라, 누군가의 앞에 선생님으로 선다는 게 큰 두려움으로 다가왔다. 참관 실습은 거의 참관이 많은 부분을 차지하는데도 말이다.

　나를 아껴주셨던 교수님께서는 허허 웃으시며 '준비를 철저히 한 사람에게는 두려움이 저 멀리 물러가는 법'이라고 말씀하셨다. 하도 오래된 일이라 내가 뭘 준비했는지 기억이 나지 않지만, 두려움이 많이 줄어든 마음으로 초등학교 참관 실습에 참여할 수 있었다.

　2주 동안 한 학급에 네 명의 학생이 들어가, 담임 교사의 수업을 참관하며 참관일지를 써서 제출해야 했고, 교사들이 알아야 할 여러 가지 업무에 대해서도 배웠으며, 반 아이들과 친밀하게 대화하는 시간도 가졌다. 실습이 거의 끝나갈 즈음에, 체육부장이셨던 우리 담임 선생님께 급한 공문이 내려와 갑자기 누군가 수업을 대신해야 할 상황이 발생했다.

"누가 해볼래요?"라는 선생님의 다급한 눈빛에 나는 번쩍 손을 들었고, 아무 준비도 없이 도덕 수업을 하기 시작했다. 책과 지도안을 빠르게 파악하며 어찌어찌 수업을 했지만, 20분 정도가 지나 수업이 끝나고 말았다. '수업 연구 평가'에 40분 수업 시간에 잘 맞추었는지가 항목에 나올 정도로 '시간'은 중요했지만, 준비 없이 처음 해 보는 수업에 그런 개념은 들어설 자리가 없었다.

다행히 선생님의 공문 처리는 끝이 났고, 이어서 마무리 수업을 하셨다. 선생님은 용기를 내주어서 고마웠다고, 앞으로 좋은 체험으로 남을 거라고 말씀하셨다. 역시나 4학년이 되어 수업 실습을 나갈 때 나의 두려움은 완전히 사라졌다. 그리고 첫 발령을 받아 첫 수업을 할 때부터 교직을 떠날 때까지, 나의 학교생활은 꽤 만족스러웠다. 건강이 좋지 않아 아쉽게 떠나긴 했지만.

첫 발령지에서 맡은 걸스카우트 대장 역할로 단련이 되어, 나는 학교에서 마이크 잡는 일이 많아져 레크리에이션이나 학교 큰 행사도 많이 치르게 되었다. 퇴직 후에도 아무 부담 없이 학부모 강연을 하기도 했다.

살아가면서 그날의 영어교수님 말씀이 생생하게 떠오른다. 그리고 누군가 내 앞에서 두렵다고 말하면, 나는 꼭 그 말을 전해주곤 한다.

"준비를 철저히 하면 두려움은 사라진다."

헛똑똑이의 삶

자랄 때 엄마가 내게 자주 하신 말씀이다.

"넌 공부는 잘하는데 헛똑똑이야."

아버지를 닮아서 약지 못하고 어수룩한 딸이 좀 답답했을 수도 있었을 것이다. 그렇게 자란 아이가 초등학교 선생님이 되니 엄마는 신기한 듯 또 물었다.

"학생들이 그렇게 이쁘니? 자식도 안 낳아본 애가 애들을 그렇게 이뻐하니?"

화성 송산 우리 반 아이들이 수원에 사는 선생님 집에 자주 놀러 오는 걸 보고 하신 말씀이다. 동네 선생님이셨던 아버지의 제자들이 우리 집에 수시로 놀러 오던 걸 평생 보신 엄마는, 남편을 국화빵처럼 닮은 큰딸이 신기하기도 했을 것이다. 책을 끼고 사는 것까지 국화빵이었으니까.

  교장 선생님 딸에, 남들이 부러워하는 초등 교사라는 직업임에도 남자 하나만 보고 하는 결혼, 시어머님을 모시고 살아야 하는 가난한 시집살이도 우리 부모님은 선뜻 어머님 잘 모시고 살라고, 고생 많이 하신 분이신데 그래야 한다고 말씀하셨다. 그렇게 그렇게 나나 부모님은 '사람의 도리'에 맞는다는 판단을 했고, 그 선택은 오래오래 나를 고통스럽게 했다. 그래서 나는 아주 가끔 부모님을 원망하기도 했다. 왜 나를 이런 바보 멍청이로 키우셨을까, 왜 약지 못한 바보로 키우셨을까, 그랬다.

  나와 가장 많이 닮은 분, 가장 존경했던 아버지가 먼 곳으로 떠나신지 10여 년이 지났다. 장애인으로 쓸쓸한 삶을 살다 가신 시아버님, 마음의 고통이 사람을 얼마나 절망하게 만드는지 뼈아프게 가르쳐 주셨던 시어머님, 또한 그 고통이 사랑으로 승화되는 기적을 체험하게 하신 시어머님은 8년 전에 내 곁을 떠나셨다. 진한 사랑으로 남아계신 세 분이 하늘에서 나와 우리 가족을 위해 기도하고 계신다는 걸 안다.

  살면서 많은 사람을 만났다. 친척으로, 친구로, 일로, 사제지간의 인연으로…. 나는 내 방식으로 사랑했고, 줄 수 있는 걸 아낌없이 주면서 행복했다. '배신'이라는 두 글자가 생각나는 몇 사람으로 인해 심한 가슴앓이를 하기도 했으며, 어떻게 살아야 할지 잠시 길을 잃기도 했지만, 회오리가 지나가도 내 곁에는 여전히 순백의 사랑으로 나를 지켜주는 사람들이 남아 있었다. 있는 그대로의 나를 사랑하는 사람, 같이 울어주는 사람, 기쁜 소식에 뛸 듯이 기뻐하는 사람들!

　내게 없는 것 하나가 '질투'이다. 질투는 본능이어서 사촌이 땅을 사면 당연히 배가 아픈 거라고 한다. 왜 내 안에 '질투'라는 마음 주머니가 없는지 모르겠지만, 그런 나를 보고 부럽다는 친구가 있었다. 질투가 심한 자기는 그것 때문에 때때로 너무 힘들다고. 그걸 보면 정말 감사해야 할 일이다. 누가 돈을 많이 벌었다면 좋고, 자식이 잘 되었다고 하면 좋고, 부부 금슬이 좋다고 하면 좋고, 아는 문인의 책이 많이 팔렸다고 하면 좋고, 누가 좋은 집으로 이사를 갔다고 하면 좋고. 남편과 별거 중이던 지인이 합쳐 산다는 소식에 좋고, 그냥 좋았다. 모두 잘되고 행복하게 잘 살았으면 좋겠다. 되도록 울지 않고 되도록 많이 웃었으면 좋겠다.

No. 30

소유욕

여고 때 한 아이가 내게 편지를 건넸다.
"너 나랑만 사귀면 안 돼?"
여러 친구들과 하하 호호 웃으며 지내던 내게, 그 친구는 자기만의 친구였으면 좋겠다고 했다. 나는 바로 싫다고 답장을 보냈고, 그 아이와는 서먹한 관계가 되었다.

대학에 들어갔다. 교대 국어교육과! 국어교육과가 두 반이 있었는데, 나는 여자만 있는 반이었다. 입학한 지 얼마 되지 않아 비슷한 끼리끼리 어울려 다니는 모습이 보였다. 나도 여덟 명 중의 하나가 되어 매우 만족스럽게 학교를 다니고 있었다. 그 모임은 지금까지도 이어져 아이들 결혼식에 참석할 나이가 되었다. 그런데 모임의 사람 수가 여덟이 아니고 일곱이 된 데에는 한 친구의 집착이 있었다. 우리 모임이 아닌 한 친구가 우리 모임의 한 친구에게 여고 때의 나처럼 제안을 했고, 그 두 사람은 4년 내내 둘이서만 붙어 다니게 되어 자연스럽게 모임에서 떨어져 나가게 된 것이다.

모임 친구를 데리고 나갔던 그 친구에게 들었던 그녀의 부모님 이야기가 오랜 기억으로 남아있다. 엄마가 결혼 이후에 한 번도 퍼머를 하지 못했고, 늘 긴 생머리를 유지해야 한다는 것이다. 그 이유는 아버지가 다른 머리를 못하게 강요해서라고, 그 친구는 아무렇지 않게 웃으며 우리에게 말했었다.

부부란, 연인이란, '사랑과 집착'의 모호한 경계에서 관계를 이어가는 게 아닐까 싶다. 가끔 무서운 일들이 뉴스에 등장할 때면 집착이란 사람을 얼마나 미치게 만드는 것일지 생각하게 된다. 하나의 인격체로 상대방을 배려하고 존중하며 상대방에게 믿음을 줄 수 있는 행동을 하는 것! 그게 사랑하는 사람을 둔 사람의 기본 역할일 것이다.

결혼 35년 차! 지금까지 그래도 잘 살아왔음이 감사하다. 막내로 맏이 노릇 하느라 우리에게는 꽤 힘든 시간들이 있었지만, 우리 부부는 그 기간을 잘 견뎌냈다. 정말 고마웠다고 남편은 내게 충성을 맹세하고 열심히 실천 중이다. 나 또한 내 남자에게 충분한 사랑을 주고 있다.

No. 31

어머님의
두 사람 바라기

 돌아가신 우리 시어머님은 평생 큰아들 바라기셨다. 장애를 갖고 계셨던, 어머님의 짐이셨던 아버님은 어머님의 사랑이 아니었다. 그저 무거운 짐이었다. 그런 어머님 몸에서 나온 첫 아들은 너무나 잘나 어머님 평생의 애인이었고, 평생의 사랑이었다. 그러기에 모시지 않아도, 뭐가 부족해도 무조건 감싸고 떠받들며 사셨고, 그 모습은 옆에서 보기에 매우 행복해 보였다. 어머님의 집착이 아주버님에게 집중되어 있어, 난 모시고 살면서도 어머님의 내 남편에 대한 질투로 마음고생한 적은 없었다.
 아주버님 뒤를 이어 어머님 마음을 사로잡은 존재가 우리 큰딸이었다. 당신 보시기에 아기 때부터 착하고 기특해서, 그리고 당신이 키우신 첫 아기여서 그랬는지, 어머님은 돌아가실 때까지 우리 큰딸 자랑하시는 게 인생의 낙이셨다. 그런 어머님의 집착으로 난 엄마로서 많은 걸 포기해야 했다. 엄마라는 자리를 고집하다가는 너무나 많은 분란이 생길 수 있어, 이모 정도의 위치에 서서 아이를 양육했던 것 같다. 아이가 엄마를 찾는 걸 보면 화를 내셨고, 아이가 엄마랑 자겠다고 하면 내셨다. 나는 마음을 쓸어안으면서 두 사람을 한 묶음으로 만드는데 어느 정도 동조하며 살았던 것 같다. 주변 사람들은 아이가 엄마보다 할머니를 더 따르고 좋아한다는 말을 자주 들었고, 어머님의 반복된 말들은 현실이 되어가는 것 같았다. 나는 서운함을 어느 정도 갖고 엄마 노릇을 하면서, 어쩔 수 없는 집안 환경이라고 그냥 받아들였다.

어머님 돌아가신 후 시누님이 전화를 하셔서 내가 모르는 말씀을 하셨다.

"손녀를 키우다 보니, 옛날 엄마 말씀이 떠오르더라. 자기 엄마 오는 시간을 귀신같이 알고 엄마를 기다리더라고. 시계를 못 봐도 그걸 알더라고. 지혜 어릴 때도 현관문 앞에서 엄마를 기다렸다고 엄마가 그러셨거든."

'그랬구나, 그랬었구나!'

어머니는 내게 그런 말씀을 하신 적이 없었다. 퇴근하고 돌아오면 엄마를 한 번도 찾지 않고 아주 잘 놀아서 기특하다고만 하셨다. 난 그 말이 늘 서운했지만, '할머니 사랑이 지극하면 저런 아이도 있나 보다'라고 받아들이면서도 마음이 좀 쓰렸다.

어머님과 분가 후 가장 마음 아팠던 것이 큰딸이었다. 아이에게는 할머니라기보다는 엄마 같은 존재였으니까. 분가할 때 여고생이었던 큰딸은 하교 후 매일 할머니께 전화를 드렸고, 동생과 함께 주말에 자주 할머니 댁에 다녀왔다. 어머님과 우리 가족은 '따로, 또 같이' 방식으로 자주 만났고, 많은 걸 공유하며 살았다. 아이가 대학에 들어가서 내게 해준 말이 있다.

"엄마는 수녀님처럼 살아온 거 같아. 이제부터는 엄마만 생각해. 엄마 건강과 행복을 최우선으로 생각하고, 할머니에게도 너무 잘하려고 애쓰지 마."

그 말이 내게 얼마나 큰 위로가 되었는지 아이는 알까?

결혼 생활 35년

"선생님, 돌아오시는 거예요?"

"저…. 안 돌아가요."

2007년, 딱 이맘때였다. 1년 병 휴직에 이어 복직을 하기로 한 11월! 그 한 달을 앞에 두고 나는 학교에 사직서를 냈다. 느낌으로 알았을까? 내가 마지막으로 가르쳤던 학급의 한 엄마가 내게 전화를 했다. 우리 둘은 아무 말 없이 가만히 있었다. 수화기 저 너머에서 그녀의 울음소리가 들렸다. 울고 싶지 않았는데, 난 기어코 울고 말았다. 그렇게 같이 울다가 전화를 끊었다.

천직이라 여기고 살았던 직업이었지만, 나는 거기에서 달리기를 멈추었다. 자주 아픈 몸이 싫었고, 잦은 병가 때마다 느끼는 죄의식이 싫었다. 아픈 내 몸과 마음을 좀 쉬어주고 싶었다. 어찌 보면 온전히 나만을 위한 최초의 선택이었던 것 같다. 내 결정에는 늘 부모님이 계셨고, 어머님이 계셨고, 시댁 형제들이 있었고, 내 가족이 있었다. 그렇게 사는 줄만 알았다. 내 몸이 아픈 건, 내 마음이 아픈 건 내 관심 밖으로 밀려나 있었다. 누군가를 위해서, 또는 모두가 잘 되기 위해서, 나는 충직한 개처럼 그렇게 하루하루를 버티며 살았다. 그리고 너무나 젊은 20대 후반부터 병원을 내 집 드나들 듯 살아왔던 것이다. 너무 힘들다고, 이제 더는 못 살겠다는 내면의 아우성을 무시한 채 살았던 참혹한 결과였다.

  삶이 달라졌다. 못한다는 말도, 싫다는 말도 가끔 할 줄 알았고, 햇살 좋은 오전에 빨래를 널었으며, 정성껏 음식을 만들며 노래를 불렀다. 지쳐서 누워있던 아픈 엄마의 모습을 자주 보고 자란 우리 삼 남매의 얼굴이 점점 밝아지고 있었다. 그거면 되었다. 그거면 되었다. 눈에 띄게 공부를 잘했던 우리 큰딸은 초등 교사였던 엄마가 있었지만, 무늬만 엄마였고 무늬만 교사였던 엄마에게 의지하지 않았다. 스스로 공부를 하면서 꽤 힘들었다는 걸 나중에 말해서 알았다.

  삼 남매는 다 자랐다. 큰딸은 대학원 졸업 후 서울에 있는 직장에서 근무를 하고 있고, 아들은 전역 병사들이 연락해서 만날 정도로 장교 역할을 잘 수행하고 있다. 막내딸도 대학 졸업 후 직장에 잘 다니고 있다. 차를 타고 가다가 하늘이 멋있다고, 막내딸이 며칠 전 카톡으로 사진을 보내왔다. 난 우리 삼 남매가 여행지에서나 일상에서 내게 사진을 보내주면 그렇게나 좋다. "엄마, 알지? 내가 엄마 사랑하는 거."라고 말하는 것 같다.

결혼 35년 차, 한 남자를 만나면서 어마어마한 시댁을 만나, 몸 고생 마음 고생을 어마어마하게 했다. 철부지 아가씨가 익고 익어서 많은 걸 품을 수 있는 중년 여인이 되었다. 얼마 전에 들었던 명상 영상에서 들었던 말이다.

"내 살아온 삶을 축복합니다."

나는 그 말에 울컥하고 말았다. 울컥하면서 스스로에게 많이 애썼다고 말해주었다. 그리고 내 살아온 모든 삶에 대해 감사했다고, 축복한다고 고백했다.

서로 응원한다고, 사랑한다는 카톡을 매일 주고받는 우리 부부, 서로 설거지를 하겠다고 싸우는(?) 우리 부부, 아직도 둘이 있으면 밤새 이야기를 나눌 수 있는 우리 두 사람! 이 정도면 잘 살아온 거 아닌가.

No. 33

"너, 왜 우니?"

    20년 정도 아이들과 생활하면서 내가 느낀 것이 하나 있다. 그것은 아이들이 우는 이유가 분명히 있다는 것이다. 때로는 집중해야 할 수업 시간에 울어서, 나를 매우 당황하게 만드는 경우도 있었다. 아이의 이야기를 바로 들어 줄 수가 없는 상황일 때에는 수업이 끝난 후에 울던 그 아이를 불러내어 물었다.

    "너, 왜 우니?"

    그러면 아이가 울면서 대답을 했다. 짝이 괴롭혀서요, 어디가 아파서요, 집에 무슨 일이 있어서요…. 짧은 시간이라도 아이의 이야기를 들어주면, 아이는 더 이상 울지 않았다. 정말 중요한 것은 우는 그 아이를 무관심하게 지나치지 않고, 바라보고 이야기를 들어주었다는 것이다.

세상살이가 이와 비슷하지 않을까? 가끔 TV에서 보면, 어떤 일로 인해 너무 억울했던 사연을 들려주며 치를 떠는 사람들이 있다. 그것을 보다 보면 가슴이 답답해지고, 심할 때는 심장이 터질 듯한 분노가 치밀기도 한다. 그리고 그 옆에서 그 일을 해결해 줄 만한 '누군가'가 분명히 있었는데도, 무심하게 바라보기만 했었다는 사실에 또 한 번 분노를 느낀다.

'자기의 자식이어도 그랬을까? 자기의 부모라도 그랬을까? 자기의 누이라도 그랬을까?' 아니다. 절대 그러지 않았을 것이다. 그렇게 내버려두지 않았을 것이다. 많은 사람들이 몇 년을, 아니 몇십 년을 억울해 하며 '화병'을 앓다가 세상을 떠나기도 한다. 잠시 주변을 돌아보자. 내가 해결해 줄 수 있는 위치에 있으면서도 못 본 체하고 있는 사람은 없는지, 내가 말을 걸어주기를 간절한 눈빛으로 바라보는 사람은 없는지.

우리가 세상을 다 바꿀 수는 없다. 대한민국을 다 바꿀 수도 없다. 하지만, 내 주변의 누군가가 덜 억울할 수 있도록 손은 잡아 줄 수는 있다. 이야기도 들어줄 수 있다. 그리고 눈물을 닦아줄 수도 있다. 우리는 누구나 다 그럴 수 있다, 인간에 대한 선한 마음만 가지고 있다면.

누가 고양이 목에
방울을 다나?

　전 국민을 경악하게 만든 강력 범죄자들에게는 어린 시절의 학대와 심한 트라우마가 있었음을 우리는 많이 보아왔다. 보통은 부모의 학대가 많았지만, 한 범죄자는 초등학교 때 담임교사에게 당했던 모멸감과 학대로 평생을 분노로 살아오기도 했다. 초등 교사의 딸로 태어나 초등 교사로 살았던 내게, 그 뉴스는 너무나 부끄럽고 또 부끄러웠다.

　아무나 남의 앞에 서는 게 아니다. 특히 학생들을 가르치는 사람은 더더욱 그렇다. 내가 5학년 담임을 했던 오래전, 현정이라는 아이는 그림을 꽤 잘 그렸고, 장래희망이 화가라고 했다. 알고 보니 3학년 때 담임을 했던 교사의 영향을 많이 받았다고 한다. 부모나 교사의 영향을 가장 많이 받을 수밖에 없는 아이들이기에 아이와 더불어 살아가는 위치의 사람들은 정말 언행을 조심해야 한다.

1987년 3월, 화성시 송산 초등학교에 나는 첫 발령을 받았다. 설레는 마음으로 만났던 내 첫사랑들이 벌써 마흔아홉이다. 나처럼 초등 교사로 근무하는 제자도 있고, 약사, 치킨집 사장. 옷 가게 사장, 한의사, 정육점 사장, 태권도 학원 원장, 대기업 직원, 택배기사, 목사님 등등, 다양한 직업으로 각자의 터전에서 열심히 살아간다. 거의 20년을 학교에 머물면서 아주 가끔 내가 느꼈던 것은 '저 선생님은 학교보다는 다른 직업을 선택했으면 좋았겠다.'였다. 내가 일일이 간섭할 수도 없는 것이고, 학생들의 경직되고 두려운 표정들이 내 마음을 종종 답답하게 했다.

그런 부류의 교사가 한 학급을 책임지다가 관리자가 되어, 전 교사를 통제하는 위치에 있게 되면, 학교 분위기는 정말 심각해진다. 내가 막내 교사로 있던 20대의 그 학교의 교감 선생님은 자주 나를 실망시키셨다. 언행을 함부로 했고, 즉흥적이었고, 보여주는 것에 지나치게 신경을 쓰는 분이었다. 교사들은 자주 한숨을 쉬었고, 끼리끼리 모여 교감 선생님 험담을 했다. 그 강하고 나쁜 힘에 감히 저항할 생각을 하지 못했다. 드디어 일이 터지고 말았다. 어떤 행사를 밀어붙이기 위해 한 교사를 희생시켜야 하는 일이었다. 그 교사는 산휴가 거의 끝나가고 있었고, 하혈로 몸이 말이 아닌 상태였다. 지금은 산휴에 이어 병가를 신청하면 되었을 일인데, 그 당시에는 법이 어땠었는지 잘 모르겠다. 산휴 몇 개월을 끝내고 미안한 마음으로 학교에 복귀해야만 한다고 그 선생님은 그리 생각했을 듯싶다.

교감 선생님은 걸스카우트 대원 160명을 합창대회에 내보낼 계획으로 공문을 작성하려고 했고, 합창지도를 할 수 있는 유일한 그 선생님은 몸 상태가 엉망이었고, 모든 교사들은 이건 아니다,라고 입을 모았다. 동 학년 선생님이셨던 교무, 연구 부장님께 용기 내어 말씀을 드려보라고 동료 교사들이 부탁을 했지만, 그 두 분은 움직이지 않았다. 그런 와중에 걸스카우트 부대장이었던 내게 그 선생님이 전화를 하셨다.

"학교에 나가서 아이들 수업이나 제대로 할 수 있을지 몰라. 몸이 너무 안 좋아. 제발 나를 좀 도와줘."

나는 그날 밤에 잠을 제대로 자지 못했다. 학교 막내 순둥이 교사였던 내게 다음날은 역사적인 날이 되었다.

"교감 선생님, 드릴 말씀이 있습니다. 우리 학교 걸스카우트는 그동안 많은 행사에 적극적으로 참여해 왔습니다. 이번 행사는 교감 선생님께서 좀 배려해 주셨으면, 하는 마음입니다. 그 선생님 몸 상태가 지금 몹시 안 좋고, 다른 교사가 대신할 수 있는 역할이 아니니, 이해해 주십시오."

교감 선생님은 깜짝 놀라셨다. 그동안 네네네, 하며 일하던 그 순둥 교사가 맞나? 그런 표정이셨다. 그분은 대답 대신에 이렇게 말씀하셨다.

"너, 내가 너희 아버지랑 친한 거 몰라? 어떻게 나한테 이럴 수 있어?"

아버지는 이웃 학교 교감이셨고, 교감 회의 때 자주 만나는 사이니, 친하다고 표현하셨을 것이다.

"교감 선생님! 저희 아버지시라면 이 상황에, 행사보다는 교사를 먼저 살피셨을 거예요. 전 아버지를 그런 분이라고 생각합니다."

이게 나일까? 내게 이런 면이 있었나? 나 스스로 놀라면서도 나는 당당하게 해야 할 말을 조목조목 다 했다.

그리고 교감 선생님은 나 몰래 행사 참여 공문을 내보셨고, 산휴를 끝내고 학교로 돌아와서, 아침 일찍부터 합창지도를 했던 그 선생님은 행사 참여 당일, 연습실에서 졸도를 하고 말았다. 옆에서 합창지도 보조를 했던 내가, 행사장에서 합창 지휘를 했다. 그 일은 그렇게 끝이 났다.

No. 35

500원짜리
물티슈 하나

몇 년 전, 주말에 교육이 있어 경주에 다녀왔다. 시외버스를 타고 올라오는데, 차가 심하게 막혔다. 불 꺼진 차 안에서 다들 깊이 잠이 들어있는 것 같았는데, 유독 내 앞에 앉아있는 한 분만이 손을 부채 삼아 계속 흔들고 있었다. 머리도 자주 쓸어올렸다.

켜져 있던 히터를 끈 상태라 적당한 온도였는데도 불구하고, 유독 많이 더워하는 모습에 '갱년기 아주머니신가, 하는 생각까지 했다. '부채로 이용할 수 있는 게 뭐 없을까' 곰곰이 생각해 보았지만, 내가 가지고 있는 물건 중에는 한 가지도 없었다.

아! 그 순간, 경주에 내려갈 때 터미널 매점에서 샀던 물티슈가 생각났다. 얼른 물티슈를 가방에서 꺼내 앞으로 건네주었다.

"저…. 아줌마! 이 물티슈 쓰세요."

그분은 물티슈를 받자마자 얼굴과 이마와 목의 땀을 연신 닦아냈다. 보고 있는 내가 다 시원했다.

수원 버스터미널에 도착하여 짐을 챙겨 내리는데, 앞에 앉아 있던 그분이 고맙다고 하며 내게 천 원을 쥐여주며 내 뒤를 따라내렸다. 차에서 내린 후 나는 그분께 다시 천 원을 돌려주었다.

"됐습니다. 그냥 넣으세요. 안녕히 가세요."

터미널 옆에 차를 대고 기다리고 있던 남편을 향해 뛰어가는데, 기분이 왠지 좋았다. 그냥 좋았다. 어쩌면 그 물티슈의 주인은 내가 아니고, 이미 예정되어 있던 주인에게 간 것인지도 모른다는 생각이 들었다.

지금 가만히 생각해 보니, 파마를 한 멀쩡한 젊은 남자를 아줌마라고 불렀는데도 우리는 둘 다 그 사실은 까맣게 잊고 있었다.

No. 36

두 여인

하나.

일반인이 저렇게 예쁠 수 있을까, 볼 때마다 감탄하는 미모의 후배가 있다. 재능도 뛰어나고 마음까지 예쁘니 세상은 공평하지 않다는 생각을 했었다. 어느 한 날, 그 후배는 웃으면서 말했다. 부모님이 중학생 때 이혼을 했다고. 밝고 구김이 없던 후배에게 그런 아픔이 있으리라고는 상상도 하지 못했다.

몇 년 전에 후배의 아버지가 돌아가셨다. 말기 암이라고 했다. 돌아가시기 전까지의 간병은 재혼한 엄마가 하셨다. 그것도 지극정성으로. 후배의 부모님이 무슨 이유로 이혼을 했는지는 모른다. 아버지는 재혼을 하지 않으셨고, 엄마는 이혼하고 한참이 지난 후 성품이 아주 좋은 남자를 만나 재혼을 하셨다. 후배는 그 아저씨를 가끔 만나왔고, 그 아저씨는 '우리 이쁜 딸'이라고 하며 후배를 무척 예뻐해 주셨다고 한다.

얼굴도 모르는 후배의 엄마는 재혼한 남편에게도, 자식들과 손주들에게도 따스한 사랑을 주시며 오늘 하루도 정성껏 살아가실 것이다

둘.

교사로 재직할 때 한 엄마를 알게 되었다. 학부모 총회에 와서 얼굴을 한 번 본 게 다였는데, 우리가 급속도로 친해진 이유는, 그 엄마가 내가 입원하고 있는 동안 병실을 매일 방문했기 때문이다. 교사에 대한 불신이 심해서 거의 학교에 가지 않았다는 그 엄마는, 아이의 말을 듣고 담임교사의 얼굴이 한 번 보고 싶어서 학부모 총회에 처음 참석했다고 했다. 옷 가게를 하는 사람이라 매일 늦게 끝났지만, 아주 잠깐이라도 매일 병실에 와서 내 얼굴을 보고 갔다. 교회에서 피아노 반주 봉사를 한다는 그녀는 매일 새벽 예배에 가서 나를 위해 기도한다고 했다. 그 당시에는 서로 많은 대화를 나눈 건 아니지만, 그 이후 10년 정도 만남을 이어가면서 우리는 속 이야기를 나눌 정도로 절친이 되었다.

그녀의 시댁은 우리 시댁보다도 더 파란만장했고, 그 안에서 그녀는 심적 고통이 꽤 컸다. 그래도 시어머님을 모시고 잘 견디고 살았으나, 남편의

비밀스러운 두 집 살림이 들통나면서 부부는 바로 이혼을 하고 말았다. 부부의 이혼으로 시어머님은 시골로 내려가셨고, 그녀는 홀로 아이를 키우며 굳건하게 살아가고 있었다. 어느 날 나를 만난 그녀가 말했다

"선생님, 시어머님이 올라오셨어요. 아들에게는 안 가시고, 제가 보고 싶어서 오셨다고 하시며 우셨어요. 마음이 많이 아프더라고요. 가시는 어머님께 용돈을 챙겨드렸어요. 그 사람은 미운데, 어머님은 너무나 안쓰럽네요. 가시는 뒷모습을 한참 바라보고 있었어요."

그녀는 그러고도 남을 사람이었다. 지금은 연락이 끊어진 그녀, 어디에선가 선한 마음으로 잘 살아가고 있을 것이다.

No. 37

같이 늙어갈 사람들

지난 주말에 남편의 사촌 동생 부부가 놀러 왔다. 35년 전, 내 결혼 한 달 전에 처음 보았던 사촌 시동생은 나와 나이가 동갑이라고 했고, 인상이 매우 좋은 사람이었다. 우리 어머님의 다섯 동생들 중에 셋째로 태어난 분의 장남이었다. 분당에 사시던 시외삼촌은 장남은 아니었지만, 가장 많이 배우셨고, 가장 잘 사셨고, 가장 품이 넓은 분이셔서 집안의 장남 역할을 하며 사셨다. 외숙모님은 교사 출신이셔서 그런지 나를 특별히 챙겨주시고 예뻐해 주셨다. 총각 때까지는 그렇게 친하게 지냈던 사촌이 아니었다고 하는데, 내가 결혼하면서 시어머님을 모시고 살았기 때문에 나는 그분들에게 안부를 자주 묻는 존재가 된 것이었다.

어찌 되었든, 몇 년 후에 그 시동생이 결혼을 하면서 우리 두 부부는 빠르게 친해졌고, 아이들을 데리고 가족 여행을 많이 다녀서 우리 앨범에는 그 가족과 찍은 사진들이 꽤 많다. 세월이 흐르고 흘러 우리 네 사람은 중년을 지나고 있다. 그동안 살아온 것처럼 우리는 함께 늙어갈 것이다. 얼마나 든든한 짝꿍들인가!

분당 시외삼촌과 우리 어머님의 관계는 남매 사이가 아니라, 엄마와 아들 같았다. 삼촌 생신에 어머님은 떡을 머리에 이고 다녀오셨고, 맛있게 먹는 모습에 기뻐하시곤 하셨다. 돌아오시는 길에는 동생이 챙겨준 정성스러운 먹거리와 선물에 흡족해하시곤 했다. 난 두 분의 관계에 대해 나이가 들수록 마음으로 이해하게 되었다. 열여덟에 팔려가듯이 이웃 동네로 시집을 간 누나, 비록 학교 문턱에는 못 갔지만, 눈에 띄게 예쁘고 똑똑했던 누나! 그 누나의 한 많은 인생에 늘 가슴 아파했던 동생은, 말기 암으로 누나보다 몇 년 먼저 떠나시면서도 누나 걱정을 가장 많이 했을 것이다. 동생이 아픈데, 무슨 팔순 잔치를 하냐고 도리질을 치셨던 어머니셨는데, 삼촌의 고집으로 어머님의 팔순 잔치는 갈빗집에서 치르게 되었다. 많은 분들이 오셔서 축하해 주셨지만, 삼촌은 그 며칠 전에 응급실에 실려가셨고, 그 이후 병원에서 걸어 나오지 못하시고 하늘로 떠나셨다.

우리 어머님 또한 말기 암으로 떠나셨을 때, 난 '하늘나라에서 아버님을 만나시겠구나'가 아니라, '분당 삼촌을 만나시겠구나'하는 생각을 했었다. 삼촌이 돌아가시기 두 달 전에 어머님과 우리 부부만 초대했던 산정 호수 이별 여행은, 해마다 11월이면 떠오르는 추억 여행이 되었다. 돌아오는 길

차 안에서 "이게 마지막 여행일 겨." 하시던 어머님의 쓸쓸한 목소리가 들리는 듯 하다.

남매가 평생을 서로 챙겨주고 사랑했듯이, 우리 부부 또한 그럴 것이다. 인연이란 얼마나 귀한 것인가! 인생을 더욱 빛나게 하는, 더욱 살맛 나게 하는 인연들이 있어 나는 자주 감사하고 산다.

엄마는 엄마다

지금은 초등학교에서 교장으로 근무하는 친구가 교장 연수를 받게 될 즈음의 이야기이다. 50년 지기 네 명의 만남에서 우리 모두 울 수밖에 없었던 이야기.

교장 연수 대상자 명단에서 자기 이름을 발견한 그날, 치매에 걸려 자기를 잘 알아보지 못하는 엄마가 떠올랐단다. 엄마를 모시고 사는 작은오빠에게 전화를 하니, 엄마 컨디션이 좋으셔서 내려오면 좋겠다고 해서 한걸음에 서울에서 내려왔다고 한다. 친구는 그 말을 하며 갑자기 눈이 빨개졌다. 딸을 보자마자 친구의 엄마는 딸의 이름을 부르며 오랜만에 막내딸을 알아보셨다고 한다.

"엄마, 나 좋은 소식이 있어."

그 말을 들은 친구의 엄마는, 마른 손으로 딸의 얼굴을 만지며 이렇게 말씀하셨다고 한다.

"우리 딸 교장 선생님이 되는구나! 애썼다. 고생 많았어."

그 말을 하면서 내 친구의 빨간 눈에서 눈물이 주르륵 흘러내렸다. 듣고 있던 우리 친구들의 눈에서도 눈물이 주르륵 흘렀다.

엄마는 엄마다.

치매에 걸린 엄마도 엄마다.

신이 바빠서 각 가정에 파견했다는 작은 신, 엄마!

최고의 시어머니

후배가 오래전 불임으로 마음고생을 심하게 했었는데,
그 당시 시어머님의 말씀이 지금까지도 잊히지 않는다고 했다.
"에미야, 앞으로 아기가 생기지 않더라도 절대 기죽지 마라."
품 넓은 시어머님의 깊은 사랑이
그 후배를 엄마로 만들어준 게 아닐까, 그런 생각이 든다.
일이 꼬여 마음 그릇이 작아지려 할 때,
나는 얼굴도 모르는 그 어르신이 종종 생각난다.
사람이란 얼마나 아름다울 수 있는 존재인가!

No. 40

부부로 만나는 사람

참 고운 여인을 보았다. 58세 미희 씨! 채널을 돌리다가 오랜만에 〈KBS 인간극장〉을 보게 되었다. 월요일에서 금요일까지 아침 시간에 하는 방송이지만, 나는 목요일과 금요일 이틀 방송만 본 것이다. '그대, 가고 없어도' 제목처럼 미희 씨의 남편은 그녀 곁에 없다. 한지를 닮은, 수묵담채화를 닮은 그녀의 모습이 너무 아름다워 나는 채널을 돌리다가 바로 멈추었다. 자기가 떠나도 살아갈 수 있게 경제적인 면도, 미희 씨의 할 일까지 다 마련해 주고 떠난 자상했던 남편, 말이 떨어지기도 전에 원하는 걸 갖다주는 남편이었다고 미희 씨의 언니는 제부를 그렇게 회상한다. 죽은 남편의 흔적은 미희 씨 집 앞 마당의 큰 나무 아래에 있었다. 그래서 미희 씨는 창밖의 나무를 보며 남편을 그리워한다.

이 세상을 떠난 후, 누군가에게 아름다운 그리움으로 남는다면 그 인생은 성공한 게 아닐까? 빨리 떠나보내려고 굳이 애쓰지 않아도 담담히 생활 속에 함께 살아가고 있는 그 모습도 괜찮아 보였다. 이 글을 쓰려고 마음을 먹은 후, 스마트폰의 그 많은 사진들 속에서 미희 씨를 닮은 사진들을 골라봤다. 은은한 아름다움이 느껴지는 아내를 매일 보며 살았던 미희 씨 남편은 꽤 운이 좋은 사람이다.

아는 동생이 말했던 그녀의 시어머님 이야기가 떠오른다. 부부금슬이 좋았던 친정 부모님과 달리 주종 관계가 확실해 보이던 시부모님을 보면서 늘 안타까웠다고 했다. 본인이 아내인지를 잊은 채, 늘 주인 옆에 대기하고 있는 몸종처럼 보였던 시어머님의 모습! 자존감이 전혀 느껴지지 않던 그 시어머님의 밝은 얼굴은 시아버님이 돌아가신 후였다고 한다. 시어머님은 굉장히 편안해 보였고, 장례식장에 도착하기 전에 미용실에 다녀오신다고 집을 나가신 시어머님이 조금은 이해가 된다고 했다. 40년이 넘는 결혼생활에 숨도 제대로 못 쉬면서도, 그저 겉으로 보기에 정상적인 가정으로 보이기 위해, 그 어머니는 이혼은 꿈도 꾸지 못하고 살다가 드디어 자유를 찾았던 것이다. 시아버님이 돌아가신 후 더 많이 웃고, 더 활기차게 사시는 시어머님을 볼 때마다 그 긴 세월이 안쓰러워 안아주고 싶은 마음이라고 그녀는 말했다.

부부의 인연! 핏줄로 이어진 인연보다 더 가까워서 '무촌'이라 했던가! 헤어지면 그냥 남이 되니 '무촌'이라 했던가! 다른 환경에서 자라서 만난 두 사람이 한 가정을 이루고 그 안에서 맞추고 살아가는 건, 수행 중에서도 가장 큰 수행이라는 글을 읽은 적이 있다. 셀 수 없는 많은 일들을 해결해 나가면서 때로는 싸우고, 때로는 미워하면서도, 결국은 꼬인 걸 풀어내고, 엉킨 걸 풀어내면서 서로 다독이며 손잡고 걸어가는 인생의 동반자, 부부라는 그 이름!

No. 41

쇼핑백 정리를 하며

돌아가신 우리 시어머님의 최고의 장점은 집에 오신 손님에게 음식을 정성껏 대접하시는 거였다. 없는 살림에도 그 습관은 어머님의 평생 기쁨이셨는지 음식을 준비하시는 어머님의 얼굴은 늘 환했다. 이어서, 가시는 손님에게는 집안에 있는 것들 중에서 손님에게 줄 수 있는 가장 좋은 것을 꺼내 쇼핑백에 담아주시곤 했다. 그런 어머니의 습관으로 인해, 우리 집에는 쇼핑백과 비닐봉지가 늘 넘쳐났다.

결혼 초부터 어머님을 모시고 살던 나는, 음식도 어머니 국화빵이 되었고, 쇼핑백과 비닐봉지를 열심히 모아두는 며느리가 되어있었다. 그 모습이 예뻐 보이셨는지 칭찬에 인색하셨던 어머님은, '우리 며느리는 필체가 좋다'는 칭찬에다가, 비닐봉지를 아주 잘 모은다고 집에 놀러 온 동료 교사에게 말씀하셨던 게 떠오른다.

어머님이 돌아가셨어도 나의 오랜 습은 남아있어서 쇼핑백과 비닐봉지가 쓰임새 이상으로 너무 많이 쌓여있다는 사실을 발견하고 나는 과감히 정리를 했다. 좋은 것으로 고른 게, 있던 것의 1/3 분량이 되었다. 어머님처럼 오신 손님들께 집에 있는 뭐라도 싸주고 싶어 안달하는 걸 보면 내 모습에 스스로 웃음이 날 때가 있다. 정리를 하고 나니 깔끔하고 좋다. 정리를 하다가 10년 전 아동문학으로 등단할 때 시상식에 참석한 마리아 동생이 주었던 작은 쇼핑백이 보였다. 너무 많이 낡았지만, 그 정성과 글씨가 귀해서 버릴 수가 없었다.

요즘 들어서 과감히 집 정리를 하고 있다. 전문직 여성복으로 꽤 괜찮은, 내게는 작아진 옷들을 과감히 꺼내서 지금 교사로 근무하는 친구에게 주고 있다. 학교에 잘 입고 다닌다는 카톡에, 나 또한 감사한 마음이다. 책장 또한 정리가 잘 되어 반듯하니 기분 좋고, 옷장도 공간이 생기니 기분이 새롭다. 계속 버리는 작업을 하면서 깨달은 것은 마음은 저절로 비어진다는 사실이다. 더욱 맑아지고, 평화로워지고, 이해가 안 되던 사람이 이해가 되기도 하고, 내가 하는 작업에 아이디어가 샘솟는다. 참 신기한 일이다.

중년을 지나고 있다. 몇 년 후에는 할머니 소리를 듣게 될 나이다. 나이 드는 게 두렵지 않다. 아쉬운 부분과 후회되는 일들도 많았으나, 내 삶의 에너지원인 가족의 무한한 사랑, 그리고 오랜 친구들, 그리고 여행지에서 문득 내가 떠오른다고 사진과 함께 안부를 묻는 제자의 카톡, 이혼했지만 잘 살고 있다는 학부형의 전화 한 통, 사랑 나눔의 생활, 책과 글과 음악과 새소리와 놀이터 아이들의 웃음소리….

  감사한 마음으로 새 아침을 맞이한다. 나는 살아있다. 의미 있는 움직임에 스스로를 칭찬하며 크게 숨을 들이킨다.

친구를
존경하는 기쁨

　여행을 자주 다니는 내 친구 숙이는 항상 여행지 곳곳의 멋스러운 사진을 카톡으로 보내준다. 아홉 살에 만나 중년이 될 때까지 한결같은 사랑을 보여준 친구다. 인형같이 예쁘고 자그마한 아이가 한 집안의 장손 며느리로 시집을 갔을 때 나는 내심 걱정이 되기도 했다.

　신혼집 가까이에 있는 시댁에 매일 가서 집안일을 돕는 것이 하루의 일과였던 숙이는 급기야 유산이 되고 말았다. 늘 숙이를 자주 놀래키던 쥐 때문이었다. 성격 좋고 말을 조심하시던 숙이의 친정엄마는 그때 처음으로 사돈에게 화를 내셨다고 한다. 그다음에 숙이에게 찾아온 아이가, 손주 둘을 안겨준 큰아들이다. 미국 유학 중에도 엄마 생일이면 꼭 챙겨서 전화하던 아들, 마침 함께 있을 때여서 그 다정한 목소리를 들은 적도 있었다.

시댁, 시어머니, 고부갈등…. 우리나라에는 아직도 '시'자가 들어가는 시금치를 안 먹는다는 우스갯소리가 있지만, 사람에 따라서는 꿀이 뚝뚝 떨어지는 고부관계도 있다. 친구 모임에서나 전화나 카톡으로 친구가 며느리를 대하는 모습을 보면, 감동의 물결이 가슴을 따스하게 만든다.

삶이란 자기가 만드는 것, 자기가 선택한 것들의 연속이라고 한다. 온기를 품고 살아가는 친구 숙이가 내 인생에 50년 넘게 함께하고 있으니, 나는 참 복이 많은 사람이다. 며칠 전 만남에서 숙이가 이런 말을 했다.

"나 말이야. 우리 신랑 조금씩 집안일 시킨다. 내가 먼저 떠날 수도 있으니까…."

백혈병으로 중학생 때 저세상으로 떠난 친구, 대기업 비서로 취직하여 잘 다니던 한 친구가 교통사고로 즉사했던 일, 30대를 열정으로 살다가 급성백혈병으로 갑자기 우리 곁을 떠난 동료 교사…. 그렇게 친구가 갑자기 떠날 수 있다는 걸 이미 알고 있었지만, 숙이가 했던 '떠날 수 있다'는 말은 오래 내 가슴에 남았다.

하루를 잘 살아야겠다. 남음 없이 떠나기 위해 주고 싶은 거 마음껏 주고, 매일 나를 아끼고 사랑해 주며, 매 순간 살아있음에 감사하며….

노점상 할머니와
어린 손녀 이야기

　매주 주말엔 서울에 있는 큰딸이 내려온다. 우리 부부는 금요일 밤이면 "내일 뭘 만들어 먹이지?"라는 대화를 아주 자연스럽게 한다. 지난 주말에도 메뉴를 정해 동네 슈퍼마켓을 향해 걸어가고 있었다. 그곳은 물건이 많고도 채소와 해산물이 특히 싱싱한 곳이었다. 가는 길목에 노점상 할머니와 다섯 살 정도의 손주를 보았다. 할머님은 옆의 두 할머니들과 이야기를 나누고 계셨고, 그 손주는 작은 손으로 고구마 줄거리 껍질을 벗기고 있었다. 우리 부부는 신통한 아이라고 칭찬을 하며 그 앞을 지나갔다. "어머니 생각난다." 난 또 그 말을 하고 말았다.
　슈퍼마켓에서 살 것을 꼼꼼히 다 챙겨서 샀다. 나는 덜렁이지만 남편이 꼼꼼한 편이라 같이 장을 보는 날은 실수가 거의 없다. 돌아오는 길에 그 손주를 보니 아까와 똑같이 고구마 줄거리 껍질을 까는 데에 몰두하고 있었다. 그 표정을 보니 무슨 재미있는 놀이에 빠져있는 아이 같았다.

30년 전, 우리 어머님도 내 큰딸과 함께 수원 인계동에 있는 뉴코아 백화점 앞 노점에서 물건을 파셨다. 나 몰래 비밀리에 하셨던 일이라, 얼마 동안 그 일을 하셨는지는 모른다. 아이 입단속을 시켰건만, 자기도 모르게 우리 딸은 내게 그 말을 하고 말았고, 난 그 사실에 몹시 화가 나고 속이 상했던 기억이 있다. 더군다나 그때는 날씨가 매우 쌀쌀했기 때문이다. 솔직한 심정으로, 난 어머님이 고생하신 것에는 관심이 없었고, 내 아이가 추운 날씨에 길거리에서 사람들의 동정 어린 시선을 받았다는 사실이 무척 속상했던 것이다. 엄마 아빠가 번듯한 직장에 다니는 사람들임에도, 내 딸은 초라한 옷을 입고(어머님은 집에 있는 브랜드 옷 대신 시장에서 사신 형광색 옷을 잘 입히셨고, 그 또한 내 불만이었다) 할머니 옆에 앉아 몇 시간을 떨고 있었을 생각을 하니 눈물이 핑 돌 정도로 속상했다. 더군다나 나는 그 백화점 바로 옆에 사는 동네 선생님이었던 것이다.

내가 어머니께 화를 냈던가? 그 기억은 없다. 어머니는 며느리가 싫어할 걸 아시고, 비밀리에 장사를 하셨다. 쓰실 돈을 충분히 드렸지만, 어머님은 시골에서 가지고 올라온 곡물들을 늘 하시던 대로 노점에 나가 파셨다. 손녀가 태어나 어느 정도 크니까 그 아이를 데리고 나가셨을 뿐. 어머님은 돈도 벌고 재미도 있어 하셨던 일이었지만, 난 어머니 입장에 대해서는 한 번도 생각하지 않았고, 그저 부끄럽게만 생각했다.

그 이후 나는 노점상 할머니들이 파는 물건들을 자주 사는 사람이 되었다. 늘 싱싱하고 맛도 좋았지만, 그 순간 어머님이 떠올라 더 그랬던 것 같다. 분가 후에도 여동생에게 한 번 들은 적이 있다. 제부가 오산 쪽을 다녀오다가 길거리에서 물건을 파시는 우리 어머니를 보았다고. 하지만 나는 어머님께 안부전화를 드릴 때 아는 체를 하지 않았다. 그리고 전혀 부끄럽다고 생각하지 않았다. 그건 어머님이 하고 싶어서 하시는 '일'이라고 그냥 받아들였다.

우리 큰딸이 노점상 일을 기억하고 있는지 모르겠다. 유치원에 들어가기 전의 일이었으니까. 내가 살아가는 곳곳에 어머님의 흔적이 남아있다. 어머님이 좋아하시던 과일, 어머님이 좋아하시던 색깔들, 어머님이 잘 만드셨던 반찬들, 어머님과 같이 가서 맛있게 먹었던 식당들…. 너무나 많아서 어머님이 늘 우리와 함께 계시는 것 같다. 얼마 전에 선배 언니를 만난 장소가, 어머님을 모시고 몇 번 같이 갔던 한정식당이었다. 난 또 언니 앞에서 종알거렸다.

"언니, 여기 음식, 우리 어머님이 참 좋아하셨어요. 우리 어머니, 보고 싶다."

No. 44

어머니의 땅

꿈을 꾸었다. 꿈속에서 난 복직을 한 교사였고, 옆 반 선생님은 내 큰딸이 아기였을 때의 4학년 동 학년 선생님이셨다. '천사가 사람이 되어 이 땅에서 사는구나'라고 생각했던 그 선생님을 꿈속에서 만난 것이다.

"왜 그래? 왜 힘이 없어?"

우리 교실에 들어온 선생님이 내게 물으셨다.

"복직을 하니 너무 힘들어요. 능력도 부족하고, 뭘 어떻게 해야 할지 모르겠어요. 교실 환경정리도 해야 하는데, 그냥 이러고 있어요."

선생님을 못 뵌 지 오래되었다. 지금 연세가 일흔 가까이 되셨을 텐데…. 그 선생님은 교회를 열심히 다니던 분이셨고, 연세가 아주 많은 시어머님을 모시고 살았다. 나는 그 당시 모시고 사는 내 시어머님의 힘듦에 대해 남들에게 이야기를 하지 않았을 때였고, 그 선생님은 험담 차원이 아닌, 어른 모시고 사는 게 쉽지 않다는 말씀을 내게 자주 하셨다. 한 번은 퇴근을 해서 저녁 준비를 하는데, 콩나물국을 끓이라고 해서 끓였더니, 입맛이 바뀌었다고 다른 국을 끓여 내라고 하셨단다. 나는 안다. 그분은 구시렁거리지 않고, 화를 쓸어 담으며 다른 국을 정성껏 끓였다는 것을.

그 선생님을 만났을 때의 내 몸무게가 41킬로그램이었다. 몸이 안 좋아 늘 내 걱정을 많이 해주시던 분이셨다. 나는 다른 학교에서 근무를 하다가 그 해에 동네 학교로 옮겼고, 옮긴 것을 계속 후회하며 살고 있었다. 우리 어머니는 남들과 쉽게 부딪히고 쉽게 싸울 수 있는 분이셔서, 그런 게 늘 불안불안했다. 한 번은 우리가 세 들어 살고 있는 주인 할머니와 대판 싸움이 붙었다. 우리가 살고 있던 2층 집 담장 밖의 아주 작은 공터를, 정성으로 옥토로 만드신 어머니는, 그 테두리를 작은 돌멩이로 꼭꼭 채워놓으셨다. 그리고 그 작은 땅에 씨를 뿌려서 그것들이 예쁜 새싹을 틔우고 있을 즈음이었다. 주인 할머니는 그게 샘이 나셨는지, 자기 땅이니까 자기가 뭔가를 심어먹겠다고 생떼를 쓰셨고, 한성질 하시는 우리 어머니는 예쁜 돌멩이 테두리를 다 망가뜨리고, 그 새싹들을 다 엎어놓으면서 큰 소리로 악담을 퍼부었다.

"그렇게 살면 안 되는 겨! 정성시럽게 가꾼 땅을 홀랑 먹으려고 하다니, 시상에! 놀고 있는 손바닥만 한 땅이었는디, 왜 지금서야 욕심을 부리남? 그렇게 살다가는 3대가 쪽박이여! 내 말 명심 혀!"

동네 사람들은 싸움 구경을 하러 나왔고, 동네 선생님이었던 나는, 집에 들어앉아 그곳에 모습을 보이지 않았다. 그 순간에 오로지 부끄럽다는 생각으로 머릿속이 꽉 찼던 것 같다. 싸움을 마치고 들어오신 어머님을 어떻게 대했는지는 내 기억에 없고, 이게 현실이 아니기를 바라고 있던 내 벌렁거리던 가슴만 생각날 뿐이다. 돌이켜 생각해 보면, 우리 어머님이 옳았다. 그건 주인 할머니의 오만이었다. 몇 년을 봐도 그냥 내버려두었던 땅이었고, 손이 야문 우리 어머니가 그냥 두기 아까워 정성으로 가꾸신 거였는데, 마무리는 그렇게 땅이 엎어지고 말았던 것이다. 그리고 그 이후 그 땅은 버려진 땅으로 그냥 있었다.

어머니가 돌아가시고 나니, 그런 게 많이 떠올랐다. 주인 할머니를 나쁜 할머니라고 하며 같이 싸웠으면 지금 내 마음이 편했을까? 어쨌든 동네 학교로 옮긴 건 두고두고 후회할 일이었다.

갑자기 꿈을 꾸고 일어나서, 또 어머니 이야기로 흘러갔다. 잠들기 전에 어머님 생각을 해서 그런가? 뭔가 결정을 해야 할 때, 몸이 많이 힘들 때, 마음이 좀 우울할 때, 난 요즘 돌아가신 아버지 대신 돌아가신 어머니를 떠올린다. 천국에서 편히 쉬시라는 기도를 제일 먼저 하고, 우리 가족 잘 지켜달라고, 잘 살겠다고도 말씀드린다. 그리고 항상 반복되는 말이지만, 이 땅에서 고생 많이 하셨다고, 그 덕분에 우리가 잘 살고 있다고, 사랑한다고, 감사하다고도 한다. 하루에도 몇 번씩, 몇 번씩이나.

작가라는 브랜드

　나는 아동문학의 한 분야인 동시로 등단한 사람이다. 당연히 아동문학가들을 많이 알고 있다. 성품 좋으시고 글도 잘 쓰시는, 그래서 내가 존경하는 분들이 꽤 많다. 새 책이 출간되면 책 앞에 손수 고운 글씨로 내 이름을 적어서 보내주신다. 나는 너무 귀한 그 책들을 책꽂이에서 가장 잘 보일만한 곳에 꽂아두고, 책 봉투는 내가 마련한 박스에 가지런히 놓아둔다. 지금까지 모아 놓은 봉투가 엄청 많지만, 나는 아직도 버리지 않고 있다.

　내가 초등 교사였을 때, 문예 담당이었기 때문에 글쓰기 지도뿐만 아니라, 교육청에서 주관하는 '동시 낭송 대회'에 학교 행사에서 뽑힌 학생을 데리고 나간 적이 많다. 그래서 등단하기 전부터 교과서에 실린 시인들 이외에도 동시를 쓰시는 분들의 이름을 많이 알고 있었다.

한 사람의 삶의 모습은 그 사람이 알고 있는 어휘로 짐작될 수 있다고 한다. 어휘란 우리가 보통 생각하는 글자로서의 어휘도 있지만, 가족들이 자주 쓰는 말과 자주 접하는 영상, 여행지에서 느꼈던 감성까지도 어휘에 포함된다고 나는 생각한다. 그래서 강력범죄인을 조사할 때, 그가 보던 책들과 소통하는 사람들과의 문자, 자주 보는 영상들까지도 모두 조사 대상이 되는 것이다

자녀를 키우는 부모나 어린이를 지도하는 교사들은 특히 어휘에 신경을 많이 써야 한다. 그 좋은 방법이 동시를 자주 접할 수 있도록 하는 것인데, 교사로서 동시를 많이 알고 있던 나는, 그림에 색을 칠하면서 동시를 외우는 자료를 많이 만들었다. 동 학년 아이들(보통 저학년) 전체가 매일 아침에 동시를 하나씩 읽고 외우는 활동을 주관하던 사람으로서, 늘 준비 과정이 좋았다. 아마도 좋은 씨앗을 심는 마음이 아니었을까.

나는 책을 좋아한다. 책을 좋아하시던 아버지의 영향을 받아 어릴 때부터 책을 좋아했다. 책을 보면 그냥 기분이 좋았다. 그 기분은 지금도 진행 중이어서 큰 서점이건, 작은 책방이건, 인터넷 서점이건, 책을 보고 고르는 그 시간이 마냥 행복하다. 그런 사람이라 다른 건 아껴도 책값은 아끼지 않고 살았다. 그건 힘들여 정성껏 글을 써 내려갔을 그 작가님에 대한 나의 선물이다. 나는 더 큰 선물을 이미 받았으니까.

요즘 대대적인 책 정리를 하고 있다. 책을 반복해서 읽는 습관이 있는데, 책꽂이를 보면서 다시 안 읽어도 되겠다 싶은 것들을 과감히 뺐다. 다

른 사람과 나누고 싶은 마음으로 기분 좋게 책을 뺀 것이다. 빼놓은 책들의 분량이 꽤 많았다. 일단 내 아이들이 졸업한 고등학교에 기증할 만한 것들을 골라 기증했다. 앞집 가족을 불러서 가져가고 싶은 것들을 다 가져가라고 했다. 엄마와 중 3인 아들과 초등생 두 딸과 유치원생 막내딸이 왔다. 아동문학 관련 책들도 많아 아이들이 환호성을 질렀다. 선물 받았던 아동문학 작가님들의 책과 시인님들의 책은 아직 책꽂이에 꽂혀있다.

한 시간가량 고르고 고른 책들이 양쪽 현관문을 통해 그 집으로 이동했다. 너무나 행복한 시간이었다. 이사오기 전, 앞집 가족이 돌아간 후에 저 한 켠에 모아놓은 책들을 보았다. 씁쓸했다. 한 작가에 꽂히면 책을 이어서 구매하고 열심히 읽곤 했는데, 그동안 언론을 통해서 아무리 이해하려고 해도 이해할 수 없는 이상한 말을 쏟아냈던 몇몇 작가들이 있었다. 나는 책 선정에 자유로운 사람이라 신부님, 수녀님, 목사님, 스님, 명상가, 교육자, 소설가, 시인, 방송인 등 다양한 분들의 책들을 넓게 읽으며 살았지만, 독자들의 마음을 전혀 생각하지 않았을, 가슴 아픈 그 말들에 정말 속이 많이 상했다.

나는 배우 전무송 님을 좋아한다. 원래 좋아하던 분이었는데, 그분이 했던 인터뷰의 한 말씀이 내 가슴을 울렸다

"저는 무명배우일 때부터 저의 행동거지를 조심했습니다. 말과 행동, 가는 곳…. 저는 대배우를 꿈꾸었기에 연기 연습도 열심히 했지만, 관객을 위해 나 자신을 갈고 닦았습니다."

오랜 세월이 지났지만, 그분이 출연한 작품을 볼 때마다 감동의 물결이 내 가슴에 잔잔히 흐른다.

독자들의 마음을 아예 생각지도 않고 함부로 막말 자판기처럼 쏟아내던 몇 분의 책들을 바라보며, 저 책들을 그 누구에게도 줄 수 없다는 판단을 했다. 그 책들과 많이 낡은 책들은 가야 할 곳으로 옮겨 놓았다.

작가도 브랜드이다.

Chapter 3

사랑의 이해

No. 46

불꽃처럼 살다 간 그녀

고은진! 난 지금부터 그녀에 대한 글을 쓰려고 앉아 있다. 벌써부터 마음이 아파온다.

고. 은. 진.

그녀를 처음 본 것은 수원에 있는 인계 초등학교 교장실이었다. 그녀는 전근을 와서 교장실 소파에 앉아 있었고, 나는 교장 선생님께 결재를 받으러 들어갔다. 서로 얼굴을 본 둘은 눈이 동그래졌다. 나는 그녀가 너무 아름다워 놀랐고, 그녀는 검은 가죽 재킷과 가죽 스커트를 입은 내 모습에 놀랐단다. 옷은 도전적이었는데 얼굴은 온순해 보였다고.

난 장애가 있는 아이들을 보면, 마음이 아파서 무조건 잘해주는 식으로 아이들을 대했고, 반 아이들에게도 따뜻하게 대해 주라고 늘 강조했었다. 학부모님들께는 편지를 띄우거나, 학부모 총회 때 도움을 청했다.

"그 아이가 무슨 잘못이 있어서 그렇게 태어난 것은 아니잖아요. 아이들이 그 친구와도 잘 어울릴 수 있도록 지도해 주시고, 혹시라도 '그 아이가 우리 반이 아니었으면'하는 생각은 하지 말아 주세요. 우리가 함께 품어야 할 아이입니다."

그런 말을 하면서 엄마들 앞에서 눈물을 보이기도 했다. 아이들에게는 "이 친구를 우리 반에 보낸 건, 우리 반 아이들이 착하기 때문이야." 라고 말했다. 착한 아이들은 지극정성으로 친구를 돌봐 주었다.

4월 중순, 나는 그녀가 있는 특수학급 교실을 찾아갔다. 내가 정말 잘 하고 있는 건지 묻고 싶었다. 특히 아이가 떼를 쓸 때, 반 전체가 수업에 방해를 받고 아이는 아이대로 고집을 부릴 때면, 내가 어떻게 해야 하는지 궁금했다.

그녀는 "우리 아이들은요…"라는 표현을 잘 썼다. 보통 교사들은 "우리 반 아이들은요…"라고 하는데, 마치 자식에 대해 말하는 느낌이랄까? 그녀의 조언은 이랬다.

"아이들이 한 인격체로서 살아갈 수 있도록 지도해야 합니다. 때로는 엄격하게. 안 되는 건 안 되는 것임을 알려주어야 합니다."

나는 마음이 아파서 못할 것 같다고 했더니, 진정 아이를 위해서는 그렇게 할 수 있어야 한다고 했다.

우리는 같은 학교에서 근무를 하면서 빠르게 친해졌고, 삶에 대해, 아이들에 대해 이야기를 자주 나누었다. 그녀가 자신이 맡은 아이들을 정말 사랑하고 있다는 것을 느꼈다. 나는 나보다 나이가 적은 그녀를 존경했다. 그리고 사랑했다.

나는 셋째 아이를 낳고 휴직을 했고, 그녀는 다른 학교에서 열심히 근무하고 있을 즈음이었다. 그녀의 친정어머니께서 내게 전화를 하셨다.

"요셉피나, 은진이가 많이 아파요. 지금 빈센트 병원 중환자실에 입원하고 있어요."

하늘이 내려앉는 것 같았다. 시어머님께 아기를 맡기고 병원으로 향했다. 어머니의 이야기를 들어보니, 출근길에 갑자기 힘들다고 하더니 거실에서 쓰러졌다고 했다. 병원에서 받은 진단은 '급성 백혈병'이었다. 남은 기간은 한 달 정도라고 했다.

'오, 하느님!'

나는 매일 아기를 맡기고 중환자실에 갔다. 그녀가 떠나기 바로 전날까지. 그렇게 아름다웠던 그녀는 짙은 회색빛 얼굴을 하고 있었고, 그 예쁜 목소리는 더 이상 들을 수가 없었다. 의사의 말처럼 그녀는 한 달 만에 우리들 곁을 떠났다. 예쁜 남매를 두고, 사랑하는 남편을 두고, 학교의 아이들을 두고 영영 돌아올 수 없는 곳으로 떠났다.

참으로 불꽃처럼 살았던 여자, 고은진!

아직도 그녀는 내 가슴에 뜨겁게 살아있다.

No. 47

아버지 복

오래전 상록 문학회에 가서 시 낭송을 했다. 아버지의 첫 제자인 최 세균 목사님의 초대를 받은 것이다. 시인이면서 상록 문학회를 이끌고 계시는 목사님은, 아버지를 6학년 때 만나 지금까지 60년 넘게 인연을 이어온 대단한 제자이다.

어릴 때부터 자주 만났던 오빠였기에 우리 형제들에게는 큰오빠 같았고, 아버지에겐 그야말로 아들이나 다름없는 존재였다. 오빠는 한 마디로 아버지 인생을 더 빛나게 해 준 사람이었다. '내가 인생을 그래도 잘 살고 있구나'하는 보람을 가장 드러나게 보여 준 존재! 그런 오빠는 아버지 정년 퇴임식 때, '시와 사랑'이라는 작은 시집을 만들어서 오신 손님들에게 나눠주었다. 아직도 난 그 작은 시집을 눈에 잘 띄는 곳에 세워 놓고 있다. 아침에 일어나자마자 시집 안에 있는 아버지 사진을 바라본다. 나를 보고 아름다운 미소를 짓고 계시는 우리 아버지.

그 시집을 보면, 오빠가 6학년 때 글짓기 대회에 나가 큰 상을 받은 이야기가 나온다. 아버지가 상장을 들고 옆 반에 자랑하고 다니셨는데, 많이 쑥스러웠다는 이야기. 가난했던 그 아이는 어느새 목사님이 되었고 시인이 되었다. 오빠가 아버지를 그렇게도 사랑하고 따른 이유는, 어린 소년에게 '사랑과 희망'을 심어주었기 때문이란다. 오빠는 아버지가 돌아가신 후에도 우리와 인연을 이어가고 계신다.

어릴 때부터 내 옆에서 늘 함께 책을 읽으셨던 아버지, 월급을 타는 매달 17일이면 동네 통닭집에서 뜨거운 통닭을 들고 집으로 뛰어오셨던 아버지, 나에게 '국어 박사'라는 별명을 지어주신 아버지, 다섯 살 어린 그때부터 내게 '선생님'이라고 부르셨던 아버지, 내 결혼식 날 아침, 큰절을 올리는 나를 보고 많이 우셨던 아버지, 만삭이 된 내게 학교는 임산부에게 위험한 곳이 많으니 늘 조심하라고 하셨던 아버지! 그래서 난 지금까지도 계단을 오를 때면 한 걸음씩 조심조심 오른다는 걸 아버지는 아실까?

오빠에게나 나에게나 너무나도 특별했던 아버지의 존재! 우리는 얼마나 복이 많은 사람일까? 길을 잃고 헤맬 때, 자기 자신에게 실망하고 주저앉아 있을 때, 가끔은 세상이 내 편이 아니라는 생각에 힘들어할 때, 금방 떠올릴 수 있는 존재가 있으니까. 아버지는 지금도 내게 이렇게 말씀하시는 것 같다.

"우리 딸, 잘할 거야. 넌 늘 자랑스러운 아버지 딸이었잖아."
하늘나라에 계신 아버지께 난 마음으로 말씀드린다.
"아버지, 아버지가 저의 아버지여서 참 좋았습니다."

No. 48

누군가를 이해한다는 것

교사로 살았던, 또는 교사로 살고 있는 사람은 거의 인정하겠지만, 교사의 하루를 지치게 하는 존재는 많은 수의 학생이 아니라 한두 명의 말썽꾸러기들이다. 나도 늘 그 한두 명으로 인해 마음이 올라와서 도를 닦느라 힘들었다. 어느 해 3월에도 한 남학생이 반 아이들을 자주 때리고 괴롭히고 있어 내 속이 새까맣게 타들어가고 있었다. 나는 할 수 없이 그 아이의 엄마에게 전화를 해서 상담을 요청했다. 다음날 아이들이 가고 난 시간, 교실로 들어온 아이의 엄마는 나를 보자마자 눈물을 쏟았다. 나는 당황하며 휴지를 건넸다.

"선생님, 너무나 죄송하고 부끄럽습니다. 제가 어떻게 해볼 도리가 없어요. 아이가 태어난 지 얼마 되지 않아 많이 아팠어요. 죽을지도 모른다는 두려움에 저희 부부나 시부모님은 견디기 힘든 시간을 보냈습니다. 다행히 아이는 고비를 잘 넘기고 퇴원을 했어요. 그 충격으로 시부모님과 저희 부부는 아이를 과잉보호하며 키웠습니다. 그 누구도 아이를 나무라지 않았어요. 유치원에 가서야 알았습니다. 아이가 정말 잘못 자랐다는 것을요. 선생님들도 포기했고 저희도 포기했습니다. 당하는 아이들에게나 학부모들에게 늘 죄인으로 살고 있어요."

나는 잘 알았다고, 방법을 찾아보겠다고 하며 그 엄마를 돌려보냈다. 무슨 방법이 좋을지 떠오르는 것도 없으면서 난 그 말을 하고 말았다. 나도 아이를 키우는 엄마로서, 아이에게 야단을 절대 못 치게 하는 시어머님을 모시고 사는 며느리로서, 약간의 이해를 할 뿐이었다.

다음날 아침 아이를 보았다. 사경을 헤매던 아이를 지켜보던 조부모님과 부모님의 눈물이 함께 보였다. 그리고 그렇게 힘들게만 보이던 아이가 사랑으로 다가왔다. 돌아보면 내가 그 아이를 지도하기 위해 어떤 방법을 취한 것은 없었다. 그냥 조금 더 이해하려고 애썼을 뿐이다. 감사하게도 아이의 폭력은 조금씩 줄어들더니 아예 사라지고 말았다. 그리고 아이는 나를 보고 많이 웃었고, 내게 먼저 말을 거는 아이로 바뀌었다.

너무 오래된 기억이라 아이의 이름이 생각나지 않는다. 우리 큰딸이 서너 살 정도였고, 그 아이가 초등 3학년생이었으니 지금 나이가 40대 초반이 되었겠다.

"○○야~ 어디에서건 잘 지내고 있기를, 선생님에게 웃어주었듯이 많이 웃으며 살고 있기를 빈다. 선생님이 너 많이 좋아했던 거, 너 그때 알고 있었지?"

아름다운 마무리를
위하여

　10년 동안의 내 주치의가 있었다. 그분은 우리 가족의 주치의이기도 했는데, 내가 사는 동네 한의원의 원장님이셨다. 내가 병 휴직을 하고 대학병원을 꾸준히 다니고 있을 무렵에 알게 된 분이다. 나이는 나보다 적었지만, 나는 마치 아버지처럼, 은사님처럼 그분께 의지하고 살았다. 내 아픈 마음을, 내 깊은 상처를 다 알고 계셨던 원장님은 나를 다독이시며 앞으로 나아갈 방향까지 제시해 주시곤 했다. 시어머님을 모시고 살았던 17년의 고통과, 우리 어머님의 기적 같은 변화와, 그 중간에서 내 고통을 더 가중시켰던 형님이라는 존재, 그리고 나의 지나친 책임감, 그리고 종종 찾아오는 무력감까지, 난 나의 모든 걸 그분께 다 쏟아내며 조금씩 치유되는 내 모습을 보았다. 어머님이 돌아가시기 전 나는 원장님께 이렇게 말씀드렸다.

"원장님, 저 가슴이 너무 아파요. 한 여자의 한 많았던 일생이 이제 마무리되고 있어요. 단칸방에서 삼 남매 키우며 피눈물을 흘리셨던 어머님의 삶을, 남편 사랑 한 번 받지 못하고 사셨던 한 여인의 삶을 생각하면 너무 가여워서 자꾸 눈물만 나요."

원장님은 나를 지그시 바라보시면서 말씀하셨다.

"선생님, 지금은 정말 중요한 시기예요. 어머님의 생을 잘 마무리하셔야 하잖아요. 그 역할을 막내 며느님이 하셔야 합니다. 육신은 죽지만 영혼은 영원한 것이에요. 어머님이 일생의 정리를 평화롭게 잘하고 떠나셔야 사후에 평온하실 수 있습니다. 엉킨 실타래를 풀고 내 인생이 감사했다는 마음으로 정리가 되셔야 합니다. 힘드시겠지만, 어머님 매일 만나러 가시니까, 그 중요한 역할을 하려고 노력하셨으면 좋겠습니다."

나는 원장님의 말씀을 듣고 집으로 향하면서, 내가 아는 어머님의 일생을 잠시 생각했다. 한 많은 인생, 고생 많은 인생…. 그런 쪽으로 생각이 흘러가다가 어머님이 세상에 뿌리셨던 '모진 말들'이 떠올랐다. 분가 후에 내게는 천사 시어머님이셨지만, 그전에 많은 사람들 가슴에 대못을 박고 사셨음을 나는 잘 알고 있었다. 가장 큰 피해자가 바로 나였으니까. 그리고 그 아픔이 얼마나 컸는지 너무나도 잘 알고 있었으니까.

감사하게도 깊었던 내 상처들은 어머님의 뒤늦은 사랑으로 다 치유되었지만, 현재 진행형인 분이 있음을 시누님 입을 통해서 알고 있었다. 그분은 우리 어머님의 올케인데, 교사 출신으로 나를 특별히 예뻐하시던 분이었다. 어머님이 말기 암이라는 소식을 접하셨을 텐데도, 그분은 어머님께 한 번도 오신 적이 없었다. 그래도 그분 장남은 병원에 한 번 다녀가긴 했다. 우리 가족과 함께 여행도 자주 다녔던 시댁 사촌 동생이어서 우리 부부와는 친한 사이였다.

신혼여행 다녀온 첫날부터 어머님을 모시고 오랫동안 살았기 때문에 나는 시어른들과 자주 소통하며 살았고, 어머님과 분가한 후에도 계속 이어졌다. 아주 오래전, 교사 출신의 외숙모님은 전화를 하셔서 집에 어머님이 안 계신 걸 확인하시고는 내게 이런 속풀이를 하셨다.

"지혜 에미야! 나 있지, 니 어머니께 엄청 깨지고 살았다. 울기도 많이 했지. 얼마나 무섭고 사나우셨는지 몰라. 아무도 못 이기잖아. 보통 성격이 아니시잖니? 툭하면 내게 그러셨단다. 내가 교사 며느리를 얻으면 손에 장을 지진다고. 그 말이 내게는 엄청 큰 상처가 되더라. 세상에…. 그런데 둘째 며느리 될 사람이 교사라는 말을 듣고 내가 얼마나 심장이 떨리던지, 전화해서 따지고 싶은 마음이 굴뚝같았지만 꾹 참았다."

내가 당하고 있었고, 주변 사람들에게 자주 악담을 하시던 어머님이셨기에, 난 보지 않은 사실이었지만 믿을 수밖에 없었다. 훗날 나도 비슷한 말을 들었다. 너한테 배우는 학생들이 세상에서 가장 불쌍하다고. 내가 들었던 말들 중에 가장 상처가 깊었던 말이었다

바로 그분이었다. 정확히는 모르지만 어머님과 몇 년 동안 연락하지 않

고 있다는 분이어서 난 그 부분이 계속 마음에 남아있었다. 나와는 개인적으로 친한 사이였지만, 내가 섣부르게 나설 수 있는 입장도 아니었다. 말기 암 환자로 병실에 누워계신 어머님께 나는 자주 사랑한다고, 감사했다고, 수고 많으셨다고 말씀드렸지만, 차마 가슴 아프게 했던 인연들에게 미안한 마음으로 참회하시라는 말은 꺼낼 수 없었다. 다만 그 외숙모님이 어머님이 떠나시기 전에 한 번이라도 어머님께 다녀가시기만을 속으로 빌었다. 그러던 차에 외숙모님은 내게 전화를 하셔서 병원에 한 번 들르겠다고 하셨지만 그분이 오시기도 전에 우리 어머님은 저세상으로 떠나시고 말았다. 하지만 감사하게도 외숙모님은 어머님 장례식장에 오셔서 오래 머무르셨고, 장지까지도 우리와 함께하셨다.

참으로 파란만장했던 한 여인의 삶은 그렇게 마무리되었다. 그리고 내 사랑이었던 어머님은 '그리움'이라는 이름으로 내 가슴속에 이렇게 살아계신다.

No. 50

두 번의 갑작스러운
책 선물

　지난주에 오랜만의 서울 나들이를 했다. 늘 그렇듯이 갈 목적지를 미리 보고, 전철로 가는 법을 캡처해 두었다. 이번 모임은 세 번 갈아타는 위치에 있었다. 첫 전철로 가는 시간이 50분 정도 되었다. 앉지도 못하고 서서 가는데, 파스를 붙인 허리도 다시 통증이 느껴지고, 다리도 슬슬 아파지기 시작했다. 난 속으로 내 앞에 앉아있는 여대생이 일어나 나갔으면 좋겠다고 생각했다. 하지만 그 학생은 꿈쩍도 안 하고 스마트폰만 하고 있었고, 그 옆에 앉아있던 사람이 급하게 일어났다. 나는 순간 내 옆에 서 있는 사람이 무척이나 부러웠다. 그런데 그 남학생은 나를 바라보더니 앉으라는 신호를 보냈다. 나는 고맙다고 하면서 자리에 앉았다. 그 학생은 다른 사람들과 달리 스마트폰을 하지 않았고, 나는 오프라 윈프리의 책을 꺼내 재미있게 읽고 있었다. 한 20분 정도가 지나서 학생은 몸을 틀어 내릴 준비를 했고, 두 발자국을 출입문 쪽으로 옮기고 있었다. 전철문이 열리기 전, 난 급하게 그 학생에게 내가 읽던 책을 주었다. 그 학생은 책을 받고 눈인사를 하며 문밖으로 나갔다.

청년이 나간 후 오래전의 내 갑작스러운 책 선물이 생각났다. 큰 아이가 태어난 지 얼마 되지 않은 겨울방학 때의 일이니 34년 전이다. 교사 일정 강습이 있었는데, 들어야 할 강의의 양이 많아 꽤 힘들고 지루했던 시간이었다. 그런 와중에 100% 집중할 수밖에 없는 강의가 있었다. 그 강사는 당시에 교육청 장학사로 근무하던 분이었는데, 섬마을 선생님으로 지내던 오래전의 기억을 떠올리며 우리 앞에서 울고 말았다. 그때까지도, 지금까지도 강의를 하다가 눈물을 그렇게 많이 보인 남자는 처음이었다.

"저는 교감이 되기 위해 필요한 점수를 따려고 섬마을에 갔었습니다. 학생 수가 얼마 되지 않았어요. 저는 매일, 계획했던 2년이 빨리 끝나기만을 기다렸어요. 애들은 눈에 보이지 않았어요. 정말 무심했고, 화도 많이 냈고, 심지어 어떤 아이의 뺨을 때리기까지 했습니다. 저는 그야말로 교사가 아니었던 거예요. 아이들에게 사랑과 희망을 주지 못했던 그 시간이 두고두고 저를 괴롭혔습니다. 그 시절로 돌아가 아이들 앞에 무릎을 꿇고 싶어요. 여러분은 저처럼 후회할 행동을 하지 마시길 바랍니다."

그분은 강의를 마치고, 눈물을 닦으며 강단을 내려왔다. 그리고 침통한 표정으로 출입문을 향해 걸어가기 시작했다. 나는 가방에서 시집을 꺼내 출입문을 향해 빠르게 걸어갔다. 그분이 출입문을 열고 나갔을 때 그분 가까이 갈 수 있었다.

"저…. 이거 제가 요즘 읽고 있는 시집이에요. 제가 드릴 게 이것밖에 없네요. 그냥 드리고 싶어서요."

그분은 빨개진 눈으로 고맙다고 하며 시집을 받으셨다. 그 작은 시집이 그분을 조금이라도 위로해 주기를 바라는 마음이었다.

No. 51

아버지 노릇

친하게 지냈던 친척 오빠가 어느 날 내게 상담을 청해왔다. 나이가 60대 중반인데, 집에 있으면 마음이 몹시 불편하다고 했다. 자기는 아버지 사랑을 받지 못하고 자라서 어떻게 자녀들을 사랑하는지 몰랐고, 그냥 긴 세월을 직장만 열심히 다니며 살았다고 했다. 지금은 퇴직하여 집에 있는데, 아내는 그동안 살았던 대로 교회 활동에만 열심이고, 아이들은 성장하여 직장인이 되어 열심히 살고 있는데, 자기만 왕따를 당하고 사는 느낌이라고 했다.

그 긴 세월을 어찌할까? 그 비슷한 상황의 내 친구가 했던 말이 떠올랐다. 자기를 키워준 고마운 아버지지만, 같은 공간에 있으면 숨이 막히는 것 같아 슬슬 피하게 되더라고, 늘 대화를 하지 않고 살았으니, 결혼 후에 친정에 가도 아버지와는 몇 마디 나누지 않았다고. 그래서 아버지 돌아가시고 난 후에 너무 죄송해서 많이 울었다고 했다.

아버지 노릇!

쉬워 보이지만, 누군가에게는 세상에서 가장 어려운 일일 수도 있다. 하지만 받은 게 없어도, 아는 게 없어도 노력하고 또 노력해야 할 '노릇'인 것을 어찌하랴!

난 그 오빠에게 무슨 말을 할까, 잠시 생각하다가 내 남편의 이야기를 들려주었다. 아버지라고 한 번 불러보지도 못한, 평생 청각장애와 심한 수전증으로 아버지 노릇을 못 했던 분의 아들이었으면서도 좋은 아빠가 되고 싶어 노력하고 또 노력했던 사람의 이야기.

지금 광신도가 된 오빠의 아내도, 어쩌면 아내를 외롭게 만들어서 나타난 현상은 아니었을까? 남은 생 함께할 소중한 사람들이니 너무 서운하다고만 생각하지 말고, 좀 더 다가가도록 노력해 보라고 말했다. 그 긴 30여 년을 오빠는 어떻게 되돌릴 수 있을까?

No. 52

섬세한 사람

어느 날 공군 장교인 아들이 내게 이런 말을 했다.

"엄마, 사람들이 나한테 섬세한 사람이래. 그리고 나한테 고민 상담을 청하는 친구들이나 장병들이 많아."

웃음이 났다. 내가 살면서 많이 들었던 말이었으니까. 섬세한 사람!

어머님이 뭘 원하시는지, 부모님이 뭘 원하시는지, 남편과 자식들이 뭘 원하는지, 학생들이 뭘 원하는지, 내게 달린 그 무엇이 늘 주변을 살피고 있었다. 그러니 내 몸이 피곤도 했겠지만, 상대방이 행복해하는 모습을 보면 내가 행복했다. 그러니 늘 그렇게 살았을 것이다.

친정에 가면, 혼자 사시는 엄마에게 뭐가 필요한지 나는 바로 보였다. 가전제품이 고장이 났는지, 행주를 더 사야 하는지, 화장실 변기 커버를 교체

해야 하는지, 그런 게 자동으로 보였다. 그래서 난 친정에 가면 바쁘게 움직였다. 그런 나를 보며 엄마는 '우리 큰딸 최고'라며 엄지 척을 해주셨다.

둘째 아이인 아들을 낳고 육아휴직을 3년 한 후에 복직 교육을 받으러 '율곡 교육원'이라는 곳에 갔었다. 학교로 복귀하는 데에 불안감을 갖는 사람도 있었고, 새 출발에 들떠 있는 사람도 있었다. 그때 아주 커다란 온돌방에 열 명 정도의 교육생이 함께 생활을 했다. 강당에서의 빡빡한 교육과정을 끝내고, 숙소로 돌아오는 그 시간은 정말 꿀맛이었다. 그때 우리 방에 임신을 한 사람이 있었다. 육아휴직을 끝내고 복직을 해야 하는데, 그 사이에 아이가 임신된 것이다. 임신 초여서 입덧이 매우 심한 상태라 볼 때마다 안쓰러웠다. 내가 해줄 수 있는 건 그저 "뭐 도와드릴까요?"라는 질문이었고, 그녀의 부탁을 힘들지 않게 도와주는 것이었다. 둘째 날이었던 것 같다. 속이 울렁거리던 그녀는 입덧이 가라앉지 않자, 내게 사이다가 마시고 싶다고 했다. 그걸 마시면 좀 가라앉을 것 같다고. 나는 다른 방에 있던 친구를 불러내어 10분쯤 걸어가야 있는 작은 시골 가게에 가서 사이다와 과자를 사다 주었다. 그녀는 사이다를 마시고 과자도 조금 먹었다. 컨디션이 한결 나아졌다고 내게 무척이나 고마워했다.

3박 4일의 교육과정을 끝내고 서로 인사를 나누며 헤어지려는데, 그녀가 내 손을 잡으며 이렇게 말했다.

"감사해요, 선생님! 제가 복이 많아 선생님처럼 섬세한 분을 만났네요. 선생님은 정말 영부인감이세요."

그 말을 끝으로 그녀를 만난 적도 없고, 얼굴도 이름도 기억이 나지 않지만, 그때 세 살 아이였던 아들의 '섬세한 사람'이라는 그 말에 난 그때 이야기를 해주며 웃었다. 내 남편이 대통령이 될 생각이 0.00001%도 없는 사람이기에, 전혀 가능성이 없는 말이지만, 그녀는 내게 엄청난 말 선물을 주고 떠난 것이다.

섬세한 사람, 섬세한 사람, 섬세한 사람! 그 말을 속으로 읊조리다 보니 돌아가신 아버지가 바로 떠올랐다. 섬세하셨던 우리 아버지! 사람 사랑하기에 섬세하셨던 우리 아버지! 그래서 돌아가신 후에도 제자들과 자식들이 몹시도 그리워하게 만드시는 분!

No. 53

"백 점이야, 백 점!"

　교대 4학년 때 교생 실습을 나갔다. 내가 배정받은 학급은 수원 세류 초교 1학년 1반, 학년부장 선생님 반이었다. 50대 초반의 엄마 같은 선생님은 아이들에게도 우리 실습생들에게도 다정다감한 분이셨다. 선생님께서 수업을 하시면서 가장 많이 쓰시던 말이 "백 점이야, 백 점!"이었다. 태도가 좋아도, 발표를 잘해도 늘 그 말이 춤추듯이 교실을 날아다녔다. 그 말이 꽤 좋았나 보다. 나도 교사가 되어 아이들에게 자주 그 말을 쓰곤 했으니까.
　어머님이 돌아가시기 전의 일이다. 시어머님께 안부 전화를 드리는 중에 나도 모르게 그 말이 튀어나왔다.
　"어머니는 백 점이에요, 백 점!"
　순간, 버릇없는 말투는 아닌가 생각이 들었지만, 진심으로 너무나 감사하다는 내 최고의 표현이었던 것이다. 어머니도 내 마음을 아시는 것 같았다.

내 안에 들어온 말 한마디가 어느새 내 것이 되고, 그것이 씨앗이 되어 어디론가 훨훨 날아간다. 날아간 그곳에서 예쁜 꽃이 피어날 것이고, 또 씨앗이 생길 것이고 또 어디론가 날아가겠지. 이래서 세상은 하나로 연결이 되어 있다고 하는 걸까? 그래서 나 귀하듯 남도 귀한 거겠지. 항상은 아니지만, 상대방이 나처럼 느껴질 때가 있다. 행복하길 가슴 저리게 빌 때가 있다.

내 소중한 인연들에게.

No. 54

"바람 없이 주었는가?"

부모님이 내게 주신 가장 커다란 선물은, '주는 기쁨을 알게 해 주신 것'이라는 말을 자주 하며 살았다. 누군가 내게 바람 없이 주었냐고 묻는다면 나는 당당하게 그렇다고 대답했을 것이다.

얼마 전, 한 사람에 대해 '배은망덕'하다는 생각을 했다. 그만큼 오랜 시간 동안 정성을 쏟았고, 그만큼 그녀에게 큰 상처를 받았다는 의미일 것이다.

살아오면서 그런 생각을 세 사람 정도에게 했던 것 같다. 거의 대부분의 인간관계는 사랑을 주고받으며 살지만, 가끔은 상대방에 대해 섭섭한 감정을 느낄 때가 있다. 나 또한 알게 모르게 상대방에게 그러한 감정을 느끼게 했을지도 모른다.

오늘 어리석은 내게 깨달음을 주는 구절 하나를 발견했다.

"진실로 바람 없이 주었다면 상대방의 반응에 대해 속상해하지 않아야 한다."

나는? 나는? 정답은 당연히 '아니다'이다. 100% 순수한 마음으로 상대방에게 도움을 주고 사랑을 주었다고 착각했을 뿐, 상대방이 최소한 내게 '좋은 사람이라는 인정'을 기대했었나 보다. 그러니 '뒤통수'에 그리 큰 상처를 받고 힘들어했겠지.

앞으로는 '배은망덕'이라는 말을 함부로 쓰지 말아야겠다. 오래전에 만났던 수녀님의 말씀대로, 우리는 그저 우리에게 다가온 역할을 했을 뿐인 것을. 눈에 보이는 쓰레기를 발견한 사람이 그냥 주워서 버리는 것처럼 말이다.

이 세상, 덜 어리석게 살아야겠다.

No. 55

아버지의 탁월한 선택

아버지는 서울에서 대학을 나오셨고, 중등 수학교사 자격증이 있는 분이셨다. 아버지는 오랫동안 발령이 정체되던 그 시기에 '5년 동안의 초등 교사 생활' 이후 중등으로 자리를 옮겨가는, 그런 방법을 선택하셨다. 발령이 나지 않아 걱정이 크셨던 장모님과 시골 시댁에 살고 있던 아내와 아기를 생각했을 거라는 생각이 요즘에 와서 든다. 아버지는 5년 동안이 아니라 평생 초등에 계셨다. 보람이 더 클 것 같다고 초등에 머무신 것이다. 그 당시 아버지의 친구들은 모두 중등으로 옮겨 가셨다.

그런 아버지의 학벌에 어울리지 않게, 엄마는 초등학교만 졸업한 분이셨다. 바로 위 오빠가 중학교 입학시험에 두 번이나 낙방을 하자, 가정 형편이 여유로웠음에도 외할아버지는 엄마를 중학교에 못 가게 하셨다. 공부를 잘했기에 담임 선생님께서 외할아버지를 설득하러 집에 찾아오셨지만, 외할

아버지는 고집을 꺾지 않으셨다. 그래서 나의 부모님 학벌은 대졸과 초졸이었다. 초등학교 때 '가정환경 조사'를 한다고 손을 들 때 보니까, 아버지 대졸도 드물었고, 엄마 초졸도 드물었다. 나는 내 손이 부끄럽다 생각했었는지, 그다음 해에는 내 손이 엄마를 '중졸'로 만들어 버렸다. 그것이 얼마나 죄스러웠던지, 오랫동안 마음에 걸려 있었다.

엄마는 내게 미소를 지으며 이런 말씀을 하신 적이 있다. 서울에 많이 배운 멋있는 여자들도 많을 텐데, 나와 결혼한 것이 너무나 자랑스럽다고. 아버지의 학벌이 엄마의 한을 어느 정도는 녹여준 것 같았다. 시골 부모님이 정해 주신, 키 162(아버지는 164)에 일곱 살 적은 아가씨를 딱 한 번 보고 결혼을 결심한 우리 아버지! 사 남매의 키가 평균 키보다 다 작아 속상하셨겠지만, 어쨌든 아버지의 아내 선택은 탁월하셨다.

엄마는 화를 잘 내지 않으셨다. 엄마는 잔소리를 거의 하지 않으셨고, 남의 험담을 즐겨 하지 않으셨다. 엄마는 늘 부지런하셨고, 집에 찾아온 아버지의 제자들을 당신의 제자처럼 사랑하셨다. 엄마는 시골에서 올라온 시댁 조카들을 당신 조카들에게 하듯 잘해 주셨다. 그리고 엄마는, 중풍으로 3년 넘게 누워계셨던 아버지를 극진히 간호하셨다. 아버지는 돌아가시기 전에 혀가 굳어 말씀을 못하셨는데, 어느 날인가 엄마의 손을 꼭 잡아주셨다고 한다. 아마도 고마웠다는 손인사였을 것이다. 엄마는 그렇게 평생을 참 열심히 사셨다. 아버지의 탁월한 아내 선택 덕분에 남아있는 우리 가족은 지금까지도 잘 살아가고 있다.

아주버님의
동생 사랑법

결혼을 하고 나서 정말 이해하기 어려웠던 것이 두 형제의 말 없는 모습이었다. 형님과 내가 수다를 떨며 명절 분위기를 냈지만, 두 남자의 묵직한 분위기는 늘 이상했고 어색했다. 왜 그러느냐고 남편에게 물었더니, 아주버님이 '형님'이라기보다는 '엄한 아버지'의 모습으로 각인이 되어 있어 그런 것 같다고 했다.

시아버님은 시골에서 요양생활을 하셨고, 시어머님이 시골을 왔다 갔다 하며 아버님을 챙기시면서, 삼 남매를 투쟁하듯이 억척스럽게 키워내시는 과정에서 아버지의 역할을 자연스럽게 아주버님이 맡아서 하신 거였다.

나이로는 일곱 살 위였지만, 늘 어려운 대상이었던 것이다. 장사로 늘 집을 비우시는 어머님 대신 시누이 형님은 엄마 역할을 했고, 아주버님은 두 동생의 아버지 역할을 했다.

아주버님은 나를 대하실 때에 동생 댁이라기보다는 며느리를 대하듯 하셨다. 아이들이 잘 지내는지, 대학 입시 준비를 잘하고 있는지, 결과는 어떠한지, 외국에 계실 때도 내게 자주 전화를 해 주셨지만, 동생에게 따로 전화를 하는 일은 거의 없었다. 두 사람의 무거운 분위기를 극복하기는 어려운 것 같아 나도 남편에게 잔소리를 더 이상 하지 않았다.

그렇다고 아주버님이 동생을 사랑하지 않는 것은 아니었다. 오랜만에 만나도 남편의 회사 사정을 다 꿰뚫고 계셨다. 어떤 분이 사장님으로 새로 오셨는지, 남편의 직책이 어떻게 바뀌었는지, 회사 조직개편이 어떻게 바뀌었는지, 회사의 모든 것을 다 알고 계신 아주버님을 보고 깜짝 놀란 적이 한두 번이 아니다.

말수가 적으신 분이 술이 좀 들어가시면 말이 많아지시고, 농담도 잘하시고, 잘 웃으신다. 집안 모임 때면 벌떡 일어나셔서, 우리 가족 모두가 너무나 소중하다고, 다들 건강하게 잘 살자고 말씀을 하시는데, 나는 그 순간 울컥하면서 눈물이 핑 돈 적이 있다.

참 열심히 살아온 인생들이다. 삼 남매를 전투적으로 키워내신 어머님과 어깨가 참 무거웠을 아주버님, 그리고 지금도 야간대를 졸업하고 요리사 일을 하고 있는 시누이 형님, 그리고 성실함과 인간미가 넘치는 막내인 우리 남편!

평범한 가정에서 평범하게 자라 온 내게, 시댁 식구들의 열심함과 성실함은 나의 또 다른 공부거리였다. 자기의 삶을 피하지 않고 열심히 살아낸 사람은 그 자체로 참 멋지고 당당하다.

No. 57

죽지 않고 살아야겠다고 말해줘서
고마워

초등 교사 생활을 끝낸 지 10여 년이 지났지만, 난 여전히 교사로 살아가고 있다. 제자들이 계속 연락을 해오고 있기에 가능한 일이다. "저, 결혼해요, 아기가 돌이에요, 취직했어요." 이런 좋은 일들도 있지만, 힘든 마음을 털어놓기 위해 연락하는 제자들도 있다.

며칠 전 한 블로그에서 마음 아픈 글을 읽었다. 우울증이 너무 심한 상태여서 의사 선생님이 병원 입원을 권유한다는 내용이었다. 아물지 않은 상처와 뒤늦은 후회가 그녀의 발목을 잡고 있었고, 열심히 사는 사람들을 보면 한없이 부끄럽다고 했다. 밀려오는 자괴감에 무릎을 꿇은 자신을 증오한다는 표현도 있었다. 잠 못 드는 그녀의 밤들이 얼마나 고통스러운지

절절하게 느껴지는 글이었다. 나는 '힘내세요'라는 말 대신에 '힘든 그 마음 안다'는 댓글을 달았다. 우울증 환자에게는 그 표현이 더 위로가 된다는 걸 배웠기 때문이다.

블로그의 글을 읽으며 난 나의 사랑하는 제자를 떠올렸다. 나 또한 오랜 시집살이로 우울증 약을 먹었던 사람이 아닌가!

"선생님, 저 살고 싶지 않아요. 매일 죽고 싶은 생각으로 눈을 떠요. 그리고 무서워서 죽지는 못하고, 다시 깨어나지 않기를 바라며 잠을 청해요."

우울증이 깊은 제자의 마음을 함께한다는 것은 매우 힘들다. 그래도 제자를 사랑하는 부모님이 계셔서 다행이고, 말 들어주는 내가 있어서 다행이고, 좋은 의사 선생님을 만난 것 같아 다행이었다. 그 이후 감사하게도 제자는 그 캄캄했던 터널을 빠져나왔다. 여전히 우울증 약을 먹고 있지만, 이제는 죽고 싶은 마음은 없단다. 그 말이 얼마나 고맙던지….

계속 블로그의 그녀가 신경이 쓰여서 그녀의 다른 글들을 보았다. 몇 달 전에 있던 생일에 부모님과 여러 지인들이 축하해 주었다는 글이 있었다. 그래도 안심이 되었다. 그녀를 사랑해 주는 사람들이 있어서 다행이고, 비록 온라인이지만, 자기 마음을 글로 써서 보여줄 수 있다는 것 자체가 희망으로 보였기 때문이다.

제자에게 도움이 될까 싶어 유튜브에서 관련 영상들을 찾아본 적이 있다. 환자의 가족이나 지인들이 알고 있으면 좋을 내용들이었다. 예를 들면, "너는 너무 나약해."라든지, "무조건 힘내야 한다."는 말들은 환자에게 또 다른 상처와 부담감을 준다고 했다. 영상 몇 개를 본 후 내가 너무나도 깜짝 놀랐던 것은, 영상 아래 댓글이 몇 천 개가 달린 것이었다. 우울증을 겪는 사람들의 고통이 고스란히 느껴졌다. 죽고 싶지만, 죽는 게 무서워서 못 죽고, 하루하루를 죽지 못해 견딘다는 글이 대부분이었다. 왜 이토록 마음이 병든 사람들이 많을까? 감당 못할 정도로 마음 아픈 사람들이 많을까? 가슴이 답답하고 아려왔다.

요즘은 '마음'에 관한 책과 영상이 쏟아지고 있다. '마음 챙김'이라는 단어가 중요한 시대에 살고 있는 것이다. 내 마음도 챙기고, 주변의 마음 아픈 사람에게도 무심하지 않으며 하루를 살아야겠다. 모두 행복했으면 좋겠다. 많이 웃었으면 좋겠다.

No. 58

시인님이라는
호칭

 난 한 번에 한 가지밖에 못 하는 습관이 있다. 교직에 있을 때 글을 좀 잘 쓴다는 말을 자주 듣고, 거기에 맞는 큰 역할을 많이 맡고 살았지만, 내가 등단을 할 거라는 생각은 해 본 적이 없다. 왜냐하면 나는 정년퇴임까지 학교에 머무를 줄 알았고, 두 가지 일을 못하는 내게 그럴 일은 없었기 때문이다.
 '학교 신문 편집'이나 '학교 행사글 작성이나 수정', '아이들 문예부 지도'를 하는 내가 어떻게 입소문이 났는지 교육청 문예작품 심사위원으로 오라는 위촉장을 받는 일이 생겼다. 그 당시의 교장 선생님은 나를 많이 자랑스러워하신 나머지, 나를 볼 때마다 '시인님'이라고 부르셨다. 그 호칭이 꽤 듣기는 좋았지만, 그때에도 내가 나중에 '시인'이라는 호칭을 듣게 될 거라고는 상상하지 못했었다. 그 분께서는 등단을 한 후, 내 시와 등단소감이 실린 책을 보내드렸다.

SNS를 하면서 그동안 시를 잘 쓰는 분도 많이 만났고, 등단의 소망을 품고 계신 분도 몇 분 만났다. 내가 할 수 있는 일은 '열심히 하라'는 격려일 뿐, 내가 그분들을 지도할 능력도, 여력도 안 되었다. 그러다가 늘 시를 꾸준히 올리시는, 시가 늘 그분의 하루와 함께하는 한 분에게 나도 '시인님'이라고 부르기 시작했다. 그분이 꼭 등단을 하여 시집을 발간하기를 기도하는 마음이었다.

그러던 내게 반가운 쪽지가 날아왔다. 정말 생각지고 않은 일이었다. 예전에 내가 몇 달 동안 페이스북 페이지 '채수아 글쓰기 교실'에 올린 '한글 맞춤법'과 '글쓰기 법'을 보시고 등단을 하셨다는 소식이었다. 나는 정말 뛸 듯이 기뻤다. 사랑하는 제자가 큰 상을 받은 기분이랄까.

남편에게도 아이들에게도 페이지 담벼락에도 이 소식을 알려 주었다. 그냥 내가 하고 싶어서 평소에 정리해 두었던 글들을 올리고, 내가 좋아하던 문구를 올렸는데, 이런 좋은 일이 생기다니….

"그냥 살아라!"

내가 가장 아끼는 작은 에시이집인 '어느 날 문득 발견한 행복'이라는 책에서 발견한 문구이다. 이 글이 다시 가슴으로 파고 드는 새날이다.

그냥 살아라… 그냥 살아라… 그냥 살아라… 그냥… 그냥….

No. 59

영창 피아노

남편과 둘이서 외식을 했던 어느 날, 우리가 들어간 식당 바로 옆에 '영창 피아노' 가게가 있었다. 유리벽으로 보이는 갈색 피아노들이 주는 느낌이 참 좋았다. 그 하나하나에는 가격표가 붙어있었는데, 내 마음에 쏙 드는 피아노의 가격이 4백8십만 원이라고 적혀있었다.

영창 피아노! 나는 영창 피아노를 좋아한다. 우리 큰딸이 처음 피아노를 배울 때 친정 부모님이 사주신 피아노이기 때문이다. 내 기억에는 없지만, 우리 부모님은 내가 교대에 다닐 때 피아노를 사주지 못한 미안함이 늘 있었다고 하셨다. 그때 우리 집에는 교사이셨던 아버지 친구가 쓰던 낡은 오르간이 있었다. 난 그것으로도 충분했었고, 피아노를 사달라고 조른 기억이 없는데, 왜 두 분은 그런 생각을 하고 사셨던 걸까. 큰딸이 일곱살 때, 2

백만 원짜리 영창 피아노를 우리 집에 들이시며 두 분은 참 행복해하셨다.

부모님의 그런 마음을 삼 남매를 키우며 알게 되었다. 자식이 조르지 않아도, 해주어야 할 것을 못 해주면 그것이 가슴에 남아있다는 것을. 나의 경우에는 물건에 대한 기억이 아니라, 시간에 대한 기억이다. 함께하지 못했던 시간에 대한 미안함. 놀이터에서 많이 놀아주지 못했던 기억이 있고, 여행을 더 많이 못 갔던 기억이 있고, 함께 쇼핑을 더 많이 못 해준 기억이 있다. 많은 엄마들이 충분히 해주었을 만한 그 일들이 내겐 아주 힘든 일이었다.

몸이 약한 교사로 살면서 그나마 내 에너지가 반짝 빛났던 곳은 학교였고, 파김치가 되어 돌아온 나는 내 아이들을 잘 돌볼 만한 힘이 없었다. 어린 막내딸이 내 손을 잡고 놀이터에 가자고 졸랐을 때, 난 세 번 중에 두 번은 거절하고 침대에 누워있었다. 할머니의 보살핌을 받으면서 엄마를 하루 종일 기다렸을 텐데도, 이 엄마는 아이를 자주 서운하게 했다. 내 기억 중 가장 아프고도 선명한 것이 있다. 그날따라 퇴근 후에 몸이 몹시 피로하여 말하기조차 힘들 정도였다. 아이를 돌봐주시던 시어머님께 겨우 인사만 하고 내 방으로 들어가 침대에 쓰러지듯 누웠다. 아장아장 나를 따라 들어온 막내딸이 나를 가만히 바라보더니, 열린 방문을 살며시 닫고 나갔다. 그 모습이 오랫동안 미안했고, 오랫동안 잊히지 않았다. 아이는 기억하지 못하고 있겠지만.

내 아이들에게 못 해준 것들에 대한 기억은 모두 내 에너지 부족에서 비롯된 일들이다. 그래서 내 몸이 좀 나아진 후로 아이들과 함께하는 시간을 갖도록 노력했다. 가족 모두 패밀리 레스토랑을 가거나, 영화를 보거나, 서점에 가거나, 산책을 하거나, 여행을 간다. 그래도 감사한 것이, 함께하는 그 시간을 아이들도 좋아한다는 것이다. 요즘은 중학생만 되어도 부모와 같이 여행하기를 꺼린다는 말을 들었다. 하지만 우리 삼 남매는 아직도 함께하는 그 시간을 좋아한다.

큰딸의 나이가 서른이 넘었고, 아들도 서른이니, 나도 몇 년 안에 할머니가 될 것이다. 그리고 손주가 하나둘 늘어날 것이다. 난 그 아이들과 함께 그네를 타는 상상, 과자를 함께 만드는 상상, 동화와 동시를 들려주는 상상을 한다. 상상만으로도 행복해진다. 내 상상은 아름다운 현실로 다가오겠지.

No. 60

마중물

　'마중물'이라는 단어를 좋아한다. '펌프질을 할 때 물을 끌어올리기 위해 위에서 붓는 물'이라는 뜻의 이 단어는, 뜻도 좋지만 입에서 오물거리는 어감이 그렇게 좋을 수가 없다. 내가 좋아하는 또 하나의 우리말은 '두름길'이다. 어릴 때부터 자주 사용하던 '지름길'이라는 말의 반대어인 '두름길'이라는 단어를, 동화 작가 김병규 선생님의 책 서문에서 처음 발견했을 때의 신선한 충격을 나는 잊을 수가 없다. '둘러서 가는 길'이라는 뜻의 '두름길'을 발음할 때마다 거기에서 정겨운 새소리가 들리는 듯했고, 졸졸 샘물 소리가 들리는 듯했다. 나는 '언어'에 대한 공부를 하면서 '우리말'의 매력에 푹 빠지게 되었는데, 특히 이 두 단어를 굉장히 좋아한다. 나는 이 중에서 '마중물'이 되어 살아가는 사람들을 떠올리며 이 글을 쓰려 한다.

학교에서 교사로 근무할 때도, 문학활동을 할 때도, 어느 모임에서건 늘 마중물의 역할을 하는 사람이 있었다. 껄끄러운 분위기를 부드럽게 만들어 조직이 잘 굴러가도록 애쓰는 사람, 그 한 사람의 말투와 솔선수범이 옆에 있는 사람에게 고운 물을 들여 어느새 우리는 하나가 되어 좋은 시간을 만들어 나가고 있었다. 그 사람에게서는 꽃향기보다 더 아름다운 향기가 났다. 그 사람 앞에 서면 더 착하게 살아야겠다는 마음이 생기곤 했다.

내가 최근에 만난 '마중물'은 우리 동네 할머님이시다. 아침 운동을 하며 나는 새삼 그 존재에 대해 알게 되었는데, 허리 보호대를 하고 다니시는 그 할머니께서 들려주신 '우리 동네 아침 운동팀' 이야기는 참으로 재미있었다.

할머니께서 이곳으로 이사를 오신 지는 10년이 넘으셨고, 늘 습관대로 아침 운동을 하러 나오셨다고 한다. 하지만 예전 동네와 달리 아파트 대단지의 할머니들은 각자 자기 운동하기 바빠서 서로 대화를 나누는 일은 거의 없었다고 한다. 그래서 이곳은 이런 분위기니 스스로 적응해야겠다고 생각하고 오랜 시간 그렇게 아침 운동을 하셨는데, 늘 쓸쓸한 마음이 있었다고 하셨다. 그러다가 갑자기 시골에서 농사를 짓다가 딸이 사는 아파트 단지로 이사를 오신 한 할머니가, 운동하는 할머니들께 먹을 것을 챙겨 나눠주시며 할머니들을 벤치에 모이게 하셨다고 한다. 나도 그분께 아삭아삭한 오이를 건네받아 먹은 적이 있다. 그리고 그분은 내게 밭에서 따오신 예쁜 가지도 갖다 주셨다. 지난주에, 시간 되시는 할머님들 몇 분에게 설렁탕을 사드린 적이 있었는데, 그때도 우리 모두를 당신 집으로 가자고 하시어

냉커피와 고구마와 옥수수를 대접해 주셨다. 나오는 길에 내 손에는 겉절이 김치통이 들려있었다. 그분이 작년 가을 우리 아파트로 이사를 오시면서 자연스럽게 할머님들이 친하게 지내게 된 것이다. 새벽 운동을 시작하면서, 대단지 아파트 할머님들의 따스한 분위기가 신기하고 감사했었는데, 거기에는 한 분의 '마중물'이 계셨던 것이다.

 내가 지켜본 한 달이지만, 그분의 인생을 떠올려본다. 늘 남에게 관심을 갖고, 뭔가를 주려고 애쓰시는 모습, 그 모습에서 느껴지는 그분의 진심, 그리고 풍겨지는 아름다운 향기! 서울에서 살다가, 시아주버님이 돌아가신 후에 '시골에 내려와 농사를 지으라'는 시어머님의 엄명에 시골에 내려가 그 많은 농사를 지으시며 시부모님을 챙기고 사셨던 그분의 삶! 그분의 존재로 주변 사람들은 얼마나 행복해졌을까. 그 생각을 하는 내 가슴속에서도 따뜻한 꽃 한 송이가 곱게 피어났다.

No. 61

내가 변했다

교사로 살면서 몸이 자주 아프고 지치니까, 아는 언니가 '퇴근 후 몸을 풀 수 있는 곳'을 소개해 주었다. 내가 퇴직을 한 것이 10여 년이 넘었으니, 그보다도 더 몇 년 전의 일이다.

요가 비슷한 동작도 하고, 좋은 음악을 들으며 명상도 하는 프로그램을 원장님이 직접 만들어서 운영을 하셨는데, 다니는 회원이 제법 많았다. 다니다 보니 회원들끼리 친해졌다. 거기서 한 여자를 알게 되었는데, 남편이 방글라데시 사람이었고, 아이가 둘 있었다. 몸도 많이 안 좋은 상태였고 경제적인 어려움이 있었지만, 마음씨 착한 남편이 이혼한 자신과 큰 아이를 사랑으로 돌봐 주고 있어서 그래도 행복하다고 했다.

어느 날 그녀가 말했다. 아직 시댁에 가 본 적이 없다고. 비행기 탈 비용과 시부모님 선물 살 돈을 모으고 있다고. 그런데 시간이 좀 많이 걸릴 것 같다고. 나는 그녀의 계좌번호를 물어보았다. 그녀는 깜짝 놀라며 계속 알려주지 않다가 나중에는 알려 주었고, 나는 그녀가 시댁에 다녀오기에 여유 있을 만큼의 돈을 입금해 주었다.

그녀는 시아버님 생신에 맞춰 시댁으로 떠났고, 나는 학교 행사가 많아 바쁘기도 하고 몸살이 나서 한 달 정도 그곳에 가지 못했다. 한 달 만에 그곳에 갔더니 원장님께서 옷을 하나 주셨다. 시댁에 다녀온 그녀가 시누이들과 함께 만든 것이란다. 정성이 가득 느껴지는 옷이어서 마음에 쏙 들었다. 이런 비슷한 옷이 또 하나 있었다.

그때 한 회원이 말했다. 자기도 하나 가지고 있다고. 왕 언니(회원 중에 가장 나이가 많았던 할머니)가 10개를 바닥에 펼치고 하나씩 가져가라고 했다고. 채 선생은 다 이해할 거라고, 두 개만 남기자고 했단다. 그래서 난 선물 모두를 구경도 못하고 나머지 두 개만 갖게 된 것이다. 기분이 몹시 언짢았지만 내색도 하지 못했다. 지금이라면 말할 수 있을 것 같다 "그건 아니죠…"라고.

살면서 가끔 이런 비슷한 일을 겪었다. 황당하고 속상했다. 그런 나를 보고 한 선배가 말했다. 내가 살아가는 모습이 이런 일을 계속 부르는 거라고, 이런 게 싫으면 자기를 바꾸어 나가라고. 선배의 말을 들으니 틀린 말은 아닌 것 같았다. 그 이후 조금은 나를 바꾸려고 노력한 것도 같지만, 여전히 비슷한 일들은 가끔 일어나고 있다. 무엇이든 다 요구해도 들어줄 사람'으로 보이는지 말이다.

　하지만 요즘 내가 많이 변했다. 나의 가치를 인정하지 않고, 배려하지 않는 사람에게는 과감하게 '아니요'라고 말할 줄도 아니까.

No. 62

미녀와의 수다

지난주 염색을 하러 미용실에 갔는데, 눈에 확 띄는 미인 한 사람이 미용실 문을 열고 들어왔다. 세련된 커트 머리에, 심플한 원피스에, 납작한 운동화를 신고 있었다. 피부는 가무잡잡한 편이었고, 이목구비는 시원하게 예뻤다. 40대 초반일 거라 짐작했고, 몸매로 봐서는 결혼을 안 한 골드미스 느낌이었다.

그녀는 예전처럼 흑갈색 염색을 해달라고 원장님께 주문했다. 외모는 도시적인 세련미가 물씬 풍겼지만, 말하는 투는 굉장히 소탈하고 사랑스럽고 귀여운 여자였다. 여섯이나 되는 언니들 이야기를 우리에게 재미있게 들려주다가, 어느새 원장님도 나도 그녀의 '언니'가 되어 있었다. 자기는 10남매의 막내로 태어났고, 친정 엄마 연세가 95세라고 했다. 내가 "결혼했군요? 미혼 느낌이에요."라고 말했더니 군대 다녀온 아들까지 있다고 까르르 웃었다.

계속 이어지는 그녀의 집안 이야기는 드라마보다도 더 재미있었다. 95세 엄마는 '공주과'라서 자식들이 모시기가 힘든 분이라고, 그건 다 돌아가신 아버지가 엄마를 과잉보호해서 그런 거라고 했다. 자기는 막내딸이라 그러지 않았지만, 엄마는 늘 공주님이었고 딸들은 무수리였다고, 지금도 언니들이 한을 품고 있다고 했다. 그녀의 입담에 우리 두 사람은 계속 깔깔거리며 웃었다.

큰언니와의 나이 차이가 어떻게 되느냐는 내 질문에 그녀는 일찍 세상을 떠난 언니 이야기를 들려주었다. 큰언니는 아들 하나를 낳고, 둘째인 딸을 낳다가 세상을 떠났다고 했다. 언니가 죽은 후 형부와 남매가 친정에 들어와 살았고, 사위를 아들처럼 사랑했던 친정 엄마는 사위의 좋은 배우자를 고르기 위해 꽤 공을 들였다고 했다. 마음씨 좋고 자녀가 없는 한 여자를 사위에게 소개해 주었는데, 두 사람은 결혼을 해서 오랫동안 사이좋게 잘 살다가 몇 년 전에 형부가 암으로 세상을 떠나셨다고 한다. 떠나면서 아이들의 새엄마에게 진심으로 고마웠다고 말했고, 재산도 아내에게 많이 물려주었다고 했다. 남매는 새엄마와 관계가 좋은 편이고, 아기 때 새엄마를 만난 딸은 친엄마라고 생각하며 자랐기 때문에 사실과 상관없이 엄마와 각별한 사이라고도 했다. 그리고 형부의 새 아내는 지금까지도 자기 가족과 연락을 하며 살고 있다고 했다.

자기의 친정 엄마를 모시고 사는 건 둘째 언니 부부인데, 생활비는 돈 많이 버는 아들들이 대 드린다고 했다. 친정 엄마가 특별히 좋아하는 사람이 막내딸인 본인인데, 모시고 사는 둘째 언니가 가끔 질투하는 게 느껴진다고 했다. 엄마는 가족이 모두 모인 자리에서 늘 자기의 무릎을 베고 누워 계실 정도로 자기를 좋아해서 민망할 정도라고도 했다. 집에 돌아와 남편에게 둘째 언니의 질투가 좀 속상하다고 말하니, 그 지혜로운 남편은 이렇게 말했단다.

"모시고 사는 사람이 가장 힘든 거야. 처형 부부가 책임을 지는 덕에 우리 모두는 장모님에 대해 덜 걱정하며 살고 있잖아. 우리 모두는 무조건 처형 부부께 잘해드리고 감사하게 생각해야 해."

그녀와 잘 어울릴만한 남자의 말이다. 그녀와 내 염색이 끝나고, 그녀는 자기에게 예쁘다고 계속 노래를 불렀던 우리 두 언니를 위해 떡을 사다 주겠다고 했다. 원장님은 계속 그러지 말라고 하셨지만, 나는 뻔뻔하게 "두 팩만 사 와요."라고 말했다. 그녀는 또 까르르 웃으며 떡 세 팩과 식혜 큰 병 하나를 사 왔다. 셋이서 떡을 맛있게 먹은 후, 그녀는 우리에게 인사를 하고 자리를 떠났다. 그녀가 가고 없는데도 미용실에는 그녀가 남기고 간 '환한 에너지'가 가득 차 있었다. 어디에서나 고운 향기가 날 예쁜 그녀! 그날 그녀를 만나 나는 또 인생 공부를 했다.

No. 63

"나도 잘못했는지 몰라"의 위대함

20년 전에 이혼한 선배 언니에게 전화가 왔다.
"나도 잘못한 게 많은 것 같아. 돌아보니까…."
난 잠시 침묵했다.
그 당시 내 주변에는 이혼한 사람이 별로 없는 상황이었고, 직업이 교사인 나는 이혼한 부모의 아이들이 받는 고통을 옆에서 지켜보는 입장이었기 때문에, 이혼은 절대로 하지 말아야 하는 것으로 믿고 있었다.
마음 고운 선배 언니가 이혼을 하는 것을 보고 깨달았다. 이혼은 절대 하지 않아야 할 것이 아니라는 것을. 상대방이 주는 일방적인 고통을 그냥 감수할 수만은 없었기에 언니는 과감하게 결단을 하고 남매를 열심히 키우며 살았다.

　그런 언니가 자기의 잘못일지도 모른다는 말을 내게 처음으로 한 것이다. 지난해부터 자신의 잘못을 진심으로 참회하며, 남매를 키우며 열심히 살았던 아내에게 미안하다는 말을 자주 전했던 전 남편의 그 말이 언니의 마음을 녹이고 있던 것일까? 사춘기를 심하게 겪으며 많은 방황을 했던 아들에 대해서도 다 내 탓이라며 울먹거렸다는 언니의 남편.

　다음 달 초에 온 가족이 식사를 하기로 했단다. 나는 눈물이 핑 돌았다. 오랜 시간 내가 해 준 것은 언니의 힘든 이야기를 들어준 것, 그리고 그저 언니의 행복을 비는 기도를 해 준 것이다. 나는 언니가 다시 합치기를 기도하지는 않았지만, 언니의 말투에서 편안함을 느꼈기에 좋은 방향으로 가고 있음을 그저 믿고 싶었다.

No. 64

오베라는 남자

영화를 봤다. '오베라는 남자'의 그 오베가 나를 자꾸 울렸다. 오베는 할아버지다. 그것도 마음씨가 아주 고약한 할아버지다. 오베가 사는 마을 사람들은 모두 오베를 싫어했다. 말 한마디도 되도록이면 퉁명스럽게, 행동 하나도 상대방에게 최대의 모멸감을 주는 사람이었으니까.

오베는 세상이 싫었다. 사람들이 싫었다. 6개월 전에 암으로 세상을 떠난 아내 쏘냐가 그의 유일한 사랑이었다. 그녀의 묘지 앞에 가서 오베는 늘 말한다. 금방 당신에게 갈 테니 기다리라고. 오베는 그래서 꾸준히 자살 시도를 한다. 목매달기, 달려오는 기차선로에 서 있기, 차 안에서의 질식사 시도, 죽기가 살기보다 어려웠다는 말을 아내의 묘지에서 할 만큼 늘 그의 자살을 방해하는 사람들이 계속 나타난다.

어느 날 이웃으로 이사를 온 이란인 가족의 등장으로 오베는 아주 조금씩 마음이 열린다. 그녀가 만든 음식을 받으며, 그녀의 두 딸에게 책을 읽어주며, 만삭인 그녀에게 운전을 가르쳐주며. 하지만 계속되는 오베의 폭언과 상대방을 질리게 만드는 행동에, 이란 여자는 이제는 더 이상 참을 수가 없다고 냉정하게 말한다. 오베는 그녀의 말을 듣고 자기의 인생에 대해 입을 열기 시작한다.

어릴 때 교통사고로 엄마를 잃은 충격, 무뚝뚝하지만 속정 많았던 아버지가 기차에 치여죽는 모습을 현장에서 목격한 이야기, 아내 쏘냐를 만나 사랑에 빠진 이야기, 아내와의 행복했던 결혼 생활과 태어날 아기의 태동을 느끼며 행복해하던 순간에 대하여, 하지만 끝내 만삭의 아내가 버스 사고로 하반신 마비가 되었고, 기다리던 아기를 멀리 떠나보내야 했던 아픈 이야기까지도. 그럼에도 불구하고 두 사람은 포기하지 않고 열심히 사랑하며 살아왔던 삶에 대하여도.

오베는 마음이 점점 열렸고, 옆집 이란 여자는 진심으로 오베를 사랑하는, 딸과 같은 존재가 되었다. 이란인 가족은 물론 동네 이웃들과 마음으로 소통하며, 어려움에 처한 친구 부부를 위해 헌신적인 해결사가 되기도 한다. 그렇게 하루하루를 잘 살아가던 오베는 하얗게 눈이 내리던 날, 자기를 좋아하는 사람만 장례식에 오게 하라는 유언장을 남기고 하늘나라 아내 곁으로 떠난다. 오베를 사랑했던 마을 사람들이 모두 모여 오베의 죽음을 애도했다. 오베는 인간에 대한 깊은 연민이 있던 사람에 의해 다시 따뜻한 사람이 되었고, 이 세상을 편안하게 떠날 수 있었다.

"오베, 이 세상은 혼자서는 살 수 없어요."

이웃집 이란 여자가 오베에게 했던 말이 떠오른다.

Chapter 4

사랑의 이유

No. 65

시부모님을
모시는 일

어느 날 한 친구가 내게 전화를 했다. 컨디션이 좋지 않았지만, 친구에게 큰 고민거리여서 긴 시간을 그냥 듣고 있었다.

시어머님은 몇 년 전에 돌아가셨고, 홀로 남아계신 시아버님은 자꾸 몸이 아프시니, 옆 동네에서 챙겨주던 시누님이 아버님의 거취에 대해서 의논을 하자고 전화가 온 모양이다. 결혼 시작부터 시어머님을 오랫동안 모시고 살면서 몸 고생, 마음고생이 심했던 나는, 이런 상담이 오면 늘 지혜롭게 잘 판단하라고 말해준다. 나와 비슷한 '과'의 친구일수록 깊이 생각하고 결정하라고 조언해 준다.

아들은 둘밖에 없는데, 아버지가 큰며느리네 집에 가기 싫어하신다는 시누님의 말씀은 이미 답을 정해 놓은 것이지만, 전문직 직장여성으로 살면서 몸이 약한 아내를 지켜보았던 친구의 남편은 자기 집에서 아버님을 모시는 것을 극구 반대한다고 했다. 나는 그 순간 내 남편이 떠올랐다. 못 모시겠다는 형수 말 때문은 아니었을 것이다. 평생 자식만을 보고 사셨고, 자식과 함께 살고 싶다고 노래를 부르고 사셨던 어머니를 외면할 수 없었으리라. 시아버님과 가장 소통을 잘하는, 밝고도 심성이 착한 내 친구가 얼마나 고민이 클지 짐작이 가서, 들으면서 계속 마음이 짠했다.

책임을 진다는 의미가 무엇인지 너무나 잘 안다. 몸이 약한 친구를 생각하면 말리고 싶었다. 한 집안의 며느리인데, 시어른을 모시고 사는 형님네 눈치가 보인다는 시누님의 설명도 난 좀 이해가 되지 않았다. 얼마 후면 형제가 다 모일 것이다. 효자인 시아주버님과 거리 두기를 하고 있는 형님, 친구 부부, 그리고 효녀 시누님과 성격도 좋다는 그녀의 남편! 그들은 어떤 말을 주고받으며, 어떤 결정을 내리게 될까?

나는 친구에게 말했다. 인생은 선택의 연속이라고, 잘 생각하고 지혜롭게 판단하라고. 전화를 끊고 친구의 시아버님을 떠올려보았다. 그분이 가장 마음 편하고 행복하게 사실 집은 어디일까.

이별식

"형님, 오늘 출근을 해야 할까요?"

남편의 카톡에 아주버님은 출근을 하라는 답을 보내셨다. 갈등하는 남편에게 나는 출근하지 말고 어머님 병원에 일찍 가자고 했다. 토요일에 3~4일 정도 남았다고 하신 의사선생님 말씀이 맞을 것 같았고, 조금 남아있는 어머님의 시간에 함께하고 싶어서였다.

병실에 도착하니 어머님은 산소호흡기에 의지해 그런대로 숨을 얕게 쉬고 계셨고, 간병 아주머님은 어머님 상태를 체크하느라 잠을 거의 자지 못해 굉장히 피곤해 보였다. 어머님은 손을 잡고 소곤거리는 내 목소리에 아주 작은 소리로 응답하시곤 했다. '응'과 '어'가 하나로 합성된 듯한 소리였다.

"어머니, 정말 고생 많으셨어요. 정말 수고 많으셨어요. 어머니는 대단한 분이셨어요. 어머님은 늘 지혜에게 최고라고 하셨잖아요? 어머님이 최고셨어요. 최고, 최고!"

어머님은 말씀은 못하셨지만, 조금씩 눈물을 흘리셨다. 나는 어머님의 눈물을 닦아드렸고, 볼을 만져드렸고, 어깨를 토닥토닥해 드렸다. 남편과 교대로 어머님 앞에 앉아서(돌아가시기 2주 전, 막내딸의 제안으로 작은 의자를 사다 놓았었다) 어머님과 충분한 교감을 나누고 있었다. 그러다가 점심시간이 되기 전에 우리 부부는 간병 아주머니께 단호박죽을 사다 드렸다. 세 달 전, 간병인 아주머니께서 어머님이 퇴원하셨을 때 우리 집에서 맛있게 드셨던 음식이었다. 밖에서 점심을 먹고 아주머니 드실 대추차를 사가지고 올라가 병실 문을 살며시 열었더니, 긴 보호자 의자에서 곤하게 주무시고 계셨다. 우리는 살금살금 병실을 나와 한 시간 정도 있다가 다시 들어갔다.

오후 네 시 정도가 되어 아주버님 부부와 퇴근한 시누님이 오셨다. 그때 아주버님께 들었다. 아침에 간호사가 들어와서 "오늘 밤을 넘기시기 어렵겠네요"라는 말을 간병인에게 슬쩍 흘리고 간 것을 형님께 보고했다는 것을. 몰랐었지만, 일찍 병원으로 향했던 우리의 선택에 고맙다는 생각이 들었다. 얼마 후, 의사선생님이 병실에 들어와 어머님의 상태를 살피시더니 우리 두 부부를 밖으로 불렀다.

"위 혈압이 50 정도가 되면 두 시간 정도 남으셨다고 보면 됩니다. 마음의 준비를 하셔야겠어요."

사슴눈을 닮은 의사선생님의 마스크 위의 큰 눈망울이 반짝 빛났다. 내 눈에서는 굵은 눈물이 하염없이 흘렀다. 어머님 돌아가시기 몇 시간 전, 아주버님은 아이들에게 연락을 하라고 하셨고, 비상사태임을 아는 아이들에게서는 신속한 답이 왔다. 삼 남매와 손주 일곱, 외증손주 둘을 이 세상에 남기신 어머님! 무서운 세상 풍파 피하지 않고 억척스럽게 살아오신 우리 어머니! 어머니는 당신이 이 세상에 남기신 인연들에게 사랑한다는 말, 감사하다는 말, 편히 가시라는 말, 천국에서 다시 만나자는 말들을 넘치고 넘치게 많이 듣고 가셨다. 한 사람씩 어머니의 손을 잡고 마지막 인사를 드릴 때는 모두가 사랑이라는 이름으로 혼연일체가 되어있었다. 이별이 슬프셨는지, 아니면 모두에게 고맙다는 표현이셨는지, 어머니는 눈물을 조금씩 계속 흘리셨고, 나는 그 눈물을 계속 닦아드리고 있었다.

    어머님의 숨이 어느새 멎어있었다. 어머님은 평화롭고 고운 모습으로, 우리와의 이별식을 마치고 근심이 없는 아름다운 그곳으로 떠나셨다.

    "어머니, 제가 어머니 많이 많이 좋아했어요. 제 고백 기억하시죠?"

내 남편이 지은 복

　남편과 맞선을 본 후 매일 만나다 프러포즈도 없이 몇 달 후 결혼을 했다. 10월 1일 국군의 날에 선을 보고, 그다음 해 2월에 결혼을 했으니 정말 초고속이었다. 수원시를 삼성시라고 불러야 하는 거 아니냐고 할 정도로 주변에 삼성맨들이 많았고, 삼성 주변의 아파트도 사람들의 관심을 끌었고, 상가까지 번창하여 수원에 사는 사람들은 삼성이라는 회사를 특별하게 여겼다. 아주버님 또한 삼성맨이었고, 삼성 아파트에 살고 계실 정도였다.
　기자를 꿈꾸었던 내 남편은 그 길이 막히자 바로 형님이 근무하던 회사에 입사를 했다. 어렵게 자식을 키우신 어머님은 두 삼성맨으로 어깨가 늘 으쓱으쓱하셨고, 비록 가난했지만 선 자리가 끊임없이 들어올 정도로 두 아들이 좋은 평가를 받았다고 한다.

1989년 10월 1일 오후 세 시에 수원 남문에 있는 석산 관광호텔 1층 커피숍에서 우리 두 사람은 처음 만났다. 세 시간 동안 우리는 자기가 하는 일에 대해서 열변을 토했다. 열정과 사명감에 우리의 눈은 반짝 빛났을 것이다. 저녁 식사를 하러 가자는 이 남자의 말에 흔쾌히 따라나섰고, 우리는 밤 9시까지 열띤 대화를 이어나갔다. 그런 두 사람이니 연애 시절에도, 결혼 이후에도 대화를 많이 하며 살았다. 고된 시집살이와 여러 가지 일들이 있었지만, 우리가 잘 극복했던 건 그래도 대화가 통하는 사람이어서일 것이다.

　남편이 나의 특별한 제자들을 다 아는 것처럼 나 또한 이 사람의 특별한 직원들을 잘 안다. 엄마가 재혼하여 외삼촌에게 맡겨진 아이, 결혼해 맏며느리 역할하느라 마음고생이 있던 아이, 미국에서 자주 보이스 톡을 하는 목사인 제자, 아직도 효자 노릇을 하는 여러 제자들…. 남편은 교사는 아니지만 비슷한 역할을 하며 직장 생활을 해왔다. 그래서 우리는 각자 마음 쓰는 사람들을 함께 걱정해 주며 살아온 것이다. 세종에서의 2년 주말부부 생활을 마치고 올라온 남편에게 난 한 직원에 대해 물었다. 타부서에서 남편 부서로 이동한 그 사람은 공황장애를 겪고 있었다. 나는 진심으로 잘 토닥여주라고 했고, 남편은 꾸준한 관심을 기울여 그 사람의 마음 상태를 살피었다. 감사하게도 마음이 점점 안정이 되었고, 일을 처리하는 능력도 뛰어나 남편이 칭찬을 아끼지 않았다.

　우리는 이렇게 살아왔다. 직장에서 사람 보살피는 일을 매우 소중하게 여기며 몸으로 실천했고, 그 과정에서 배우자와 많은 대화를 나누곤 했다. 그런 사람이기에 평범하지 않았던 시대 환경과 힘든 시집살이에서 남편에게 서운한 마음이 크고 상처도 받았지만, 어떤 동지애 같은 걸 느끼고 살아왔다.

또한 남편은 회사의 동료나 후배가 갑자기 직장을 잃었을 때 최선을 다해 새 직장을 구할 수 있도록 도움을 주었다. 자기소개서 쓰는 법, 면접을 보기 전에 준비할 사항 등을 꼼꼼히 체크해 주었다. 다행히도 몇 사람이 재취업에 성공해서 그 사람뿐만 아니라, 그 가족에게도 큰 기쁨을 주었다. 그래서 난 종종 말해주었다.

"잘했어, 아주 잘했어. 당신은 복 많이 받을 거야."

삼성에 이어 공기업에서 정년퇴임을 한 남편은, 퇴임식 바로 다음날부터 세종에서 근무를 시작했다. 그 이후엔 나와의 여행 스케줄을 잡고 휴식을 취한 후, 다른 공기업에 재취업해 다니고 있다. 이 사람의 일에 대한 열정은 계속 이어질 것 같다. 나 또한 그걸 알기에 옆에서 응원하는 입장이지, 나하고만 놀자고 붙들지는 않을 생각이다.

스물여섯, 서른, 둘이 만나 뜨겁게 사랑하다 자연스레 결혼을 했다. 지금 내 나이 예순하나, 남편은 예순다섯이다. 우리의 삶이 어떻게 흘러갈지 아무도 모른다. 하지만 서로가 애쓰고 살았다는 걸 마음으로 알기에 서로 보듬고 아껴주며, 우리의 남은 생을 흐르듯 살려 한다. 아마도 잘 흘러갈 것이다.

No. 68

나의 해방일지

염미정이 구씨에게 말한다.

"해방일지에 그런 글이 있어. 염미정 인생은 구씨를 만나기 전과 후로 나뉠 것 같다는."

나야말로 내 인생은 남편을 만나기 전과 후로 확연히 나뉜다. 결혼 전에는 내 부모님을 비롯하여 모든 사람이 좋아 보였다. 그래서 내 마음에 미움이 자리할 틈이 없었다. 늘 밝게 웃었다. 그것도 소리 내어 까르르 잘 웃었다. 몸이 건강했다. 학생이었을 때도 교사이었을 때도 나는 학교를 빠져본 적이 없었다.

남편을 만난 이후 미움을 배웠다. 처음부터 모시고 살던 시어머님의 무차별적인 언어습관에 자주 가슴이 아팠다. 잦은 잔소리와 거짓말에 화가 쌓여갔다. 서로 사랑을 주고받는 것에 익숙했던 내가, 어느새 시댁 식구들을 챙기고 사랑해 주는 게 내가 이 세상에 온 이유가 아닐까,라는 생각을 하게 만들었다. 드라마보다도 소설보다도 더 힘겹게 살아온 가족을 내 인생의 사명으로 받아들이다니, 난 도대체 얼마나 교만했던 걸까.

결혼 전 성당에서 주일학교 교사를 하면서 새벽 미사와 봉사에 푹 빠진 나는, 나와 가장 잘 어울리는 자리를 '수녀'라 생각했다. 가장 사랑이 충만했던 시기였다. 원장 수녀님의 권유까지 받으니 내 가슴은 활활 불타올랐다. 하지만 가톨릭 신자가 아니신 부모님께 차마 말도 꺼내지 못하고, 난 맞선을 통해 남편을 만나게 되었다. 어차피 봉사 생활을 꿈꿨던 사람인데, 이 시댁을 그런 마음으로 대하자, 상처 깊은 이 사람들에게 온기가 되어주자, 따스한 분위기로 만들어 보자,라고 다짐하고 또 다짐했다.

그랬다. 난 진심 그랬다. 잘할 수 있으리라 나를 믿었다. 하지만 난 고꾸라지고 말았다. 작은 내가 큰 욕심을 부리다 나를 잃어버리고 말았다. 고통스러운 시집살이로 난 빼빼 말라갔고, 자주 아팠고, 자주 심장이 벌렁거렸다. 어느새 우울증 약이 내 서랍 속에 들어있었다. 그래도 멈추지 않았다. 내 역할을 계속 충실히 하기를 바랐던 남편과 나의 '좋은 사람'으로 살겠다는 오만이 나를 계속 그 속에 있게 했다. 정신과 의사 선생님 말씀대로, 나를 제외한 시댁 모든 사람은 건강하고 행복해 보였다.

사람이 그렇게 어리석을 수 있다니, 지금 생각해도 한숨이 나온다. '망가지면서까지 지켜야 할 관계는 없다'는 책 제목처럼 살지 못해, 난 처절하게 망가지고 말았다. 천직으로 여겼던 학교를 떠나야 할 만큼 나는 무너지고 말았다.

교사이셨던 아버지가 당신 뒤를 이어 교사로 선택했던 나는, 아버지 친구들에게 어릴 때부터 '채 선생'이었으나, 난 40대 초반 너무도 이른 나이에 퇴직 교사가 되고 말았다. 만일 의사 선생님 권유로 했던 분가 이후, 시어머님이 예전과 같으셨다면 나는 오랫동안 더욱 고통스러웠을 것이다. 죄책감으로 불편했던 내게, 어머님은 진심으로 미안하다고 하시며, 당신이 해주실 수 있는 사랑을 내게 오롯이 주시다가 하늘나라로 떠나셨다. 그리고 늘 내 몸만 생각하라고 하셨다. 힘들면 아무것도 하지 말라고 하셨다. 몸 약한 며느리와 자식과 손주들을 위해 정성스러운 반찬을 자주 만들어다 주셨다. 퇴직한 며느리가 처음으로 맞은 스승의 날에 꽃바구니를 사다 주신 분도 어머님이셨다.

남편을 만난 후 미움과 절망과 분노가 무엇인지 알았다. 건강함이 얼마나 감사한지 알았다. 오만함이란 얼마나 어리석은 것인지도 알았다. 누가 누군가를 아낌없이 사랑한다는 게 불가능하다는 걸 알았다(아닌 분도 분명 계시겠지만). 그리고 진실하게 미안하다는 말이 얼마나 큰 치유의 힘이 있는지 알았고, 자기의 인격을 높이는 그 어려운 것을 거뜬히 하신 어머님을 내가 얼마나 사랑하고 존경하는지 알았다.

남편을 만나 뜨겁게 사랑도 했고, 아픈 눈물도 흘려봤다. 연인이었다가 남편이었다가 이제는 내 남은 생의 동반자로 손 꼭 잡고 살아가는 이 남자! 이 남자를 많이 사랑해 주며 남은 생을 살아야지, 난 다짐했다.

No. 69

워킹맘과 모성애와 음식

삼 남매가 다 자랐다. 큰딸은 대학원을 졸업한 후 서울에서 직장을 다니고 있고, 둘째인 아들은 공군 장교로 복무하고 있다. 언니와 아홉 살 차이가 나고, 오빠와 네 살 차이가 나는 막내딸은 대학 졸업 후 직장에 다니고 있다.

살아오면서 가끔 아이들과 함께 TV를 볼 때가 있다. 드라마 속에 '진한 모성이나, 엄마를 향한 진한 그리움'같은 내용이 나오면 나는 왠지 불편해하고 있음을 알았다. 왜냐하면 나는 최선을 다한 교사였고, 많이 부족했지만 최선을 다하려 노력한 며느리였지, 최선을 다한 엄마는 아니었기 때문이다. 최선은 고사하고, 보통의 엄마도 아니었기 때문이다. 내 에너지가 고갈되어, 정작 내 아이들에게는 스스로 공부하라고 했고, 침대에 누워있는 모습, 병원에 입원해 있는 모습을 너무나 자주 보이고 살았기 때문이다. 또한 몸이 자주 아프고 지치니, 남편이나 아이들에게 해야 할 일들을 최대한 줄이고 휴식을 자주 취했다.

신학기에 새로운 물건을 사러 다섯 사람이 백화점에 가야 할 그 소중한 시기에, 나는 혼자 침대에 누워있던 장면이 떠오른다. 신학기를 준비하느라 학교는 더 바빴고, 내 몸은 많이 지쳐있었기 때문이다. 당연히 음식에도 정성을 기울이기보다는 최소한의 할 도리만 겨우하고 살았다. 그러니 우리 아이들은 다른 집의 건강하고 음식 잘하는 엄마들을 얼마나 부러워했을까? 나한테는 그런 말을 한 적이 없지만 말이다.

그랬던 내가 아파 누워있는 시간이 줄었고, 음식에 정성을 기울이는 시간이 길어졌다. 어쩌면 하루 종일 '뭘 만들어 먹이지?'라는 생각을 가장 많이 하는 것도 같아 스스로 웃음이 나기도 한다. 고3 때 공부를 하듯이, 음식 만들기에 최선을 다한다. 공부를 즐겨서 했듯이, 음식을 즐거운 놀이처럼 한다. 그러니 그 좋은 에너지가 음식으로 고스란히 들어가 음식 맛이 좋을 수밖에.

주말마다 집에 오던 아들은, 집밥을 먹고 나면 힘이 난다고 말했다. 이번 신정 연휴에 여러 가지 음식을 만들면서도, 음식을 맛있게 먹으면서도 집에 오지 못한 아들 생각이 가장 많이 났다. 어제는 닭고기를 엄청 좋아하는 큰딸을 위해 보양식인 영계백숙을 만들어 주었다. 닭죽에 백숙 국물에 영계 한 마리! 남편도 두 딸도 먹으면서 눈이 반짝반짝 빛났다. 그걸 바라보는 내 마음은 행복 가득이다. 가족이 먹고 싶어 하는 것을 정성스레 만들어서 먹이는 것! 그것 하나면 무엇이든 다 해결되는 게 아닐까?

내가 소장해서 자주 보는 영화 '미 비포 유'에서 여주인공이 말한다. 뭘 잘하냐는 면접 질문(마비가 된 아들을 돌봐주는 사람을 뽑는 엄마)에 자기는 건강하고, 뭐든지 빨리 배우고, 집도 여기서 가깝고, 차도 근사하게 잘 끓인다고 말한다. 잘 끓여 낸 차 한 잔이면 모든 게 해결된다고 진지하게 설명하는 장면이 나온다. 그리고 그녀는 합격! 난 그녀의 '차 한 잔' 그 말이 가슴에 와닿았고, 그 말의 의미가 무엇인지 알고 있다.

삶에서 가장 필요한 건 사랑이고, 가족의 사랑이 으뜸일 것이다. 그리고 그 중심에서 엄마는, 아내는 좀 더 힘을 내야 할 것 같다. 왜냐하면 아내는 '집안의 해, 안 해'이기 때문이다. 햇살이기 때문이다.

No. 70

동백꽃 필 무렵

지고지순한 용식이의 사랑을 느끼며 동백이가 운다.

"지는유, 동백 씨 안 울릴 거여유."

동백이가 더 소리 내어 운다.

'사람이 사람에게 기적이 될 수 있을까?'

이런 동백이의 독백 소리가 들려온다.

당연히 될 수 있다고 내 마음이 말을 하는데 눈물이 났다.

내 남편은 결혼 전에 내게 어떤 약속도 하지 않았다. 그저 둘이 불같이 사랑했고, 자기의 어머니를 내게 부탁했을 뿐이다. 1%의 두려움이 없이 시작한 가난한 며느리였지만, 난 당당했고 행복했다.

상처는 또 다른 상처를 낳는다. 어머님의 한 많은 삶은 고스란히 주변을 아프게 찔렸고, 정상적이지 못한 가정에서 자란 나의 남편은, 참 좋은 사람이었지만 아내로서는 눈물 흘릴 일이 가끔 있었다.

사람이 사람을 사랑하는 일은 매우 묵직한 일이다. 사랑이 결혼으로 이어질 경우엔 더욱 그렇다. 밖에 나가 남편 흉을 보지 않는 엄마를 닮아 나 또한 그랬었다. 참으로 오랜만에 남편으로 인해 힘들었던 이야기를 털어놓자, 선배 언니가 단호하게 말했다. 나를 만나기 전의 상처까지 보듬으며 살려고 애쓰니 더 힘들었을 거라고. 지나친 측은지심이 오히려 부부관계에서는 해가 될 수 있다고.

언니 말이 맞았다. 한의원에 가서 울화병 상담을 하는데, 내가 남편을 '나의 상처 깊은 제자'로 바라보고 있다는 걸 알았다. 그러니 더 단호하지 못했고 무조건 이해하려는 노력이 나를 더 힘들고 아프게 했던 것이다. 마음이 여리고 측은지심이 특별히 많은 내게, 남편과 시댁 식구 모두는 내가 품고 돌봐주어야 할 존재들이었다.

나이가 든다
나이를 먹는다

자꾸만 깨닫는다
자연스럽게 사는 게
최고의 삶이라는 것을

화가 나면 화가 난다고 말하고,
속상하면 속상하다고 말하고,
가슴이 아프면 아프다고 말하는 것

나는
그러지 못했다

되도록 참고
되도록 견디었다

그러니
그건 아니라고 하며
몸과 마음이 무너져 버렸던 것이다

누구나에게 좋은 사람이 아니면 어떠랴

내 마음이 어떤지 잘 살피고 토닥이며
알았어, 알았어,라고 말해주니

몸과 마음이
건강해지고 있다

자연스럽게
이렇게 자연스럽게
자연 닮은 삶을 살아야겠다.

엄마의 팔순 모임과
11만 원

　기침을 콜록거리며 엄마의 팔순 모임 장소에 갔다. 사 남매와 그 배우자와 아홉 아이들이 모여 엄마에게 사랑을 고백하고, 감사드리는 시간을 보냈다. 사 남매의 돈 봉투를 하나로 모아 내가 대표로 짧은 편지를 썼다. 아버지께서 기뻐하실 거야,라는 말을 오빠와 여동생에게 하다가 목이 메었다.
　환한 엄마의 미소가 너무나 좋았다. 내 마음까지도 환해졌다. 마당이 넓은 멋진 식당에서 시간을 보내다가 친정집으로 들어갔다.
　친척들을 초대할 계획도 있었지만, 엄마의 강력한 의지로 가족만의 소모임으로 정했고, 아쉬움이 크신 외숙모님과 사촌 동생들이 오후에 집으로 놀러 왔다. 얼마나 고맙던지. 한 동생의 와이프가 회사에 출근을 해서 그 동생은 어린 두 남매를 데리고 왔는데, 아이들 때문에 힘겨워하는 게 느껴졌다.

나는 남매의 손을 잡고 문방구에 가자고 했다. 셋이서 손을 잡고 걸어가다가 횡단보도 옆에서 허리가 90도로 굽어진 할머니를 보게 되었다. 유모차에다 실어 온 상추를 땅에 내려놓고 계셨다. 마음에 찌르르 아픔이 내려앉았다.

두 꼬마의 손을 잡고 횡단보도를 건너 문방구를 향하면서 온통 할머니 모습만 머릿속에 가득했다. 가진 현금은 없고 스마트폰과 카드 하나가 내가 가진 전부였다. 나는 먼저 은행 ATM기로 가서 현금을 찾았다. 문방구에 가서 아이들이 좋아하는 것들을 사주고 다시 걸어 할머니 앞까지 왔다.

"할머니, 상추 얼마예요?"

"한 봉지에 2천 원."

"그럼 다섯 봉지 주세요."

할머니는 봉지에 여린 상추를 담으셨다. 손이 바르르 떨리고 있었다.

"할머니, 제가 담을게요."

나는 나머지 네 봉지에 상추를 조금씩 담았다.

"할머니, 이건 상춧값 만 원이에요. 그리고 이 봉투에 들어있는 10만 원은요, 할머니 고기 사서 드세요. 건강하셔야 해요."

"이런 고마운 사람이 있나…."

할머니는 봉투를 밀어내지 않으셨다. 나는 할머니의 손을 한 번 꼭 잡아드리고, 인사를 하고 친정집으로 돌아왔다.

참 행복하고 따스했지만, 마음 한켠이 아프기도 한 날이었다.

No. 72

철이 든다는 것

  철이 든다는 말은 사계절이 바뀌는 걸 알고, 우주의 섭리를 깨치는 것이라고 한다. 정말 어마어마한 말이 아닌가! 앞날이 막막하여 매일 죽고 싶어 하는 사람에게 누군가는 봄이 올 거라고 말할 것이다. 게으르고 나태한 누군가에게는 씨를 심어야 꽃을 피우고 열매를 맺을 거라고 말할 것이다. 지나친 열정에 에너지가 고갈되려는 누군가에겐 곧 결실을 맺을 거라고 위로할 것이다. 풍성하고 여유로운 삶에 만족을 넘어 교만한 누군가에겐 삶을 마무리하기 전에 물질과 마음을 나누어보라고 슬며시 조언할 친구도 있을 것이다.
  우리 인생, 어느 것 하나 여기에 걸리지 않는 일이 있을까? 살아온 날보다 남은 날이 분명히 적을, 이 나이를 살아가면서 너무나 많은 일들이 셀 수 없이 떠오른다. 몇 년 전, 나는 남편을 원망하는 시간으로 무척 괴로워

했다. 건강을 잃어 십여 년 전에 학교를 퇴직했음에도 자주 아팠고, 울화병 증세로 힘들 때가 종종 있었기 때문이다. 오랜 세월 몸과 마음이 아팠으니 치료하는 시간도 길게 잡아야 한다는 한의원 원장님 말씀을 듣고, 초등학생처럼 그분이 정해주신 몇 가지 생활규칙을 실천하며 지냈는데, 내가 왜 이 나이까지 이렇게 살아야 하나, 그 생각이 치고 올라오면서 남편에 대한 미움이 솟아올랐다. 그래서 속사포처럼 말을 뿜어낸 적이 있다.

"왜 나를 지켜주지 못했어? 왜 내가 힘들 때 방관했어? 고생 많으신 어머님 모시자고 했을 때 난 착한 마음으로 그 자리에서 그러자고 한 사람이야. 따로 살면서도 죽어도 못 모시겠다는 형님과 그런 아내를 지켜주려고 한 아주버님을 생각해 봐. 6년을 모시다가 힘들어서 우울증 약을 처방받은 사람에게 어머님 안 모시면 이혼한다는 그 말이 얼마나 내 가슴을 아프게 했을지 알아? 자기 여자도 못 지킬 사람이 왜 결혼을 해서 한 여자 인생을 이렇게 망가뜨렸어?"

내 말은 말이 아니었다. 화산 폭발이었다. 이혼을 안 한 것도, 가여운 어머님 삶이 안쓰러워 그래도 버티고 버티고 산 것도 나 자신이면서, 난 모든 것을 남편 탓이라고 말했다. 울화병은 정말 무서운 병이다. 평소에는 편안하고 사랑이 넘치다가, 어느 순간 발작을 하듯이 증세가 올라온다. 그러니 나도 괴롭고 듣고 있는 남편도 얼마나 괴로웠을까. 마음이 가는 대로 살아야 하는데, 순리를 거스르니 그게 곪아 터진 것이리라.

계속 조금씩 조금씩 철이 드는 느낌이다. 이해불가의 사람들이 조금은 이해가 가고, 누가 누구를 함부로 시비분별하며 사는 게 그닥 좋아 보이지 않는다. 남의 옷차림새에도 별로 신경이 쓰이지 않고, 인성이 별로 좋아 보이지 않는 사람을 보면 자라온 환경 탓일 거라 여기고, 내가 너무 힘들다 싶으면 거리 두기를 한다.

그 무엇보다도 남편 마음이 헤아려지고 있다. 분명 지혜로운 사람은 아니었지만, 그 마음이 뭔지는 읽힌다. 자기 아내를 평범한 사람이기보다는 철인이기를 바랐고, 어찌 보면 어머님뿐만 아니라 시댁 식구 전체를 품고 사는 엄마 역할을 하길 바랐던 것 같다. 상처 깊은 우리를 더 많이 사랑해 달라고, 보듬어 달라고. 나 또한 수행자처럼 사명감을 갖고 그 역할을 감당하려고 애썼다. 내가 허물어지는 것은 그대로 방치한 채.

세상에 우연은 없다고 한다. 만나는 사람과 만나는 일, 그 안에서의 무수한 선택들! 그 선택으로 내 삶이 만들어진 것이니 누구를 탓하랴! 며칠 전 모임에서 선배 언니가 내게 해준 말이 전혀 상처가 되지 않았다. 나는 언니 말이 맞다고까지 했다.

"알지? 모두 너의 선택이었다는 거. 남 탓으로 돌리면 병이 낫지 않아. 그 원인을 너에게서 찾아야 치유가 빨리 일어나거든."

철이 든다는 건 우주 만물의 이치를 깨닫는 것이니 보통의 사람은 그 경지에 가기 어렵지만, 가까이 가려는 노력이 참으로 자기를 사랑하는 방법이란 생각이 든다.

철이 든다는 것, 철이 든다는 것….

No. 73

모르는 죄

누군가 물었다.

"알면서 하지 않는 죄와 모르면서 하지 않는 죄, 둘 중에 어느 죄가 더 클까요?"

나를 포함해 앉아있던 모든 사람이 첫 번째라고 대답했다. 그분은 아니라고 말했다. 알면서 하지 않는 사람은 언젠가는 그 일의 중요성을 깨닫고 할 수 있지만, 모르는 사람은 죽을 때까지 그렇게 살 거라고. 그 당시에는 그 말이 이해가 잘되지 않았는데, 나이가 어느 정도 든 지금은 그 말이 옳다는 걸 알겠다.

우리 인간은 '지식'에 관한 것은 어느 부분만 알아도 되겠지만, '지혜'에 관한 것은 끊임없이 배우고 깨달으려 노력해야 한다. 예를 들면, 남을 위한 배려, 주인 의식, 자존감의 의미, 공공의 이익, 욕심과 절제의 조화, 등등 사회인으로 성숙하게 살기 위해 자신의 의식 수준을 높여야 한다.

그래서 잦은 잔소리는 나쁘지만, 가족에게 가끔은 그것에 대해 말해주어야 하고, 자기가 모시는 상사의 영향력이 클 때에는 때로는 용기 내어 소신 발언을 할 줄 알아야 한다. 초등학생이었을 때 읽었던 '벌거숭이 임금님'에서, 거짓으로 옷을 짜고 있던 사기꾼들과 벌거숭이로 백성들 앞을 걸었던 그 멍청한 임금님을 나는 '나쁜 사람'이라고 생각했다. 어릴 때는 거의 그랬을 것이다. '콩쥐는 착하고 팥쥐는 나쁘다. 놀부는 나쁘고 흥부는 착하다. 누구는 좋고 누구는 나쁘다.' 늘 이분법으로 동화책의 인물들을 나누었을 것이다.

세월이 흘러 어른이 되고, 교사가 되고, 이후 문인이 되어 여러 단체들을 보았다. 학교 관리자와 문인들의 단체장들에게 안타까움을 느낄 때가 아주 가끔 있었다. 그럴 때 그 주변에는 눈을 멀게 하는 간신 스타일의 인물들이 꼭 있었던 것 같다. 벌거숭이 임금님의 눈을 멀게 한 사람은 비단 사기꾼들만이 아니다. 공공의 이익을 전혀 생각하지 않는 아주 비겁한 몇몇 사람들의 어리석음이 있어, 그 영향력 아래의 많은 사람들이 힘들고 아플 수 있는 것이다. 인간이란 거의 모두 사탕발림의 칭찬을 좋아하는 본능이 있지 않은가!

몰라서 주변을 힘들게 하지 않도록, 의식이 깨어나도록 나를 자꾸 두드려야 한다. 눈을 크게 뜨고 봐야 할 것을 보려고 애써야 한다. 그것이 진정 자기를 가치롭게 만드는 자기 사랑이 아닐까?

No. 74

나는 그녀가
행복했으면 좋겠다

    마음고생이 심했던 내가, 문을 똑똑 두드린 곳은 명상 센터였다. 그곳에서 배운 명상이 내 상처가 아무는데 큰 도움이 되었고, 좁았던 내 의식이 조금 더 커지는 역할을 했다. 지금은 다니지 않고 있지만, 생활 속에 자연스레 스며들어서 설거지를 하면서도, 길을 걸으면서도 나는 명상 상태에 잘 빠지곤 한다. 명상은 꼭 눈을 감고 하는 것만은 아니기 때문이다.

    내 마음이 괴로워 명상에 입문했듯이 명상 센터 지도자들도 마음의 괴로움을 극복하고자 입문하신 분들이 꽤 많다. 또는 몸의 괴로움을 극복하신 분들도 많았다. 몸과 마음이 하나로 연결이 되어있다는 말은 나를 보아도 정확히 맞는 말이다. 스트레스 과다가 결국은 몸을 망치고, 천직이었던 교사 역할도 놓아버리지 않았던가!

내겐 명상 센터에서 만난 매우 귀한 인연이 있다. 그녀는 전직 교사 출신의 명상 지도자였다. 그녀의 남편은 입양아였다. 중학생이었을 때 그 사실을 알고 방황이 시작되었으며, 어른이 되었어도 그 방황은 계속 이어지고 있었다. 정상적인 남편 역할을 하지 못하고 밖으로 돌던 남편과 이혼을 한 후에도, 그녀는 심성 착한 시부모님과 계속 만남을 이어가고 있었다. 세월이 흘러 남자는 집으로 돌아왔고, 다시 한 집에서 가정을 이루고 살고 있지만, 그녀는 남편을 있는 그대로 바라보고 인정해 주고 있다. 남편 월급을 받아본 적도 없고, 보통의 가장처럼 살지 않고 있지만, 그냥 함께 살아가는 한 인간으로 존중해 주는 것이다.

마음의 상처가 무척 깊어 그녀의 가장 아픈 손가락이었던 아들은, 엄마의 눈물 어린 기도에 보상을 해주듯이 대학도 잘 들어갔고(고3 때 정신을 차리고 공부를 시작했으나 결과는 꽤 좋았다) 군대도 잘 다녀와 열심히 사는 사회인이 되었다.

그녀와 나는 가끔 카톡을 하고, 전화를 한다. 서로의 깊은 이야기를 부끄럼 없이 나눌 수 있는 친구가 있다는 건 얼마나 큰 축복인가! 마음이 많이 아팠던 두 사람이었고, 잘 극복해 내고 있는 두 사람이고, 아이들이 얼마나 소중한 존재인지 너무나 잘 알고 있는 사람들이기에 우리의 대화는 늘 무궁무진하다.

그녀가 행복했으면 좋겠다. 가끔 병원에 가시는 그녀의 시부모님도 건강하셨으면 좋겠다. 아직도 방황이 끝나지 않은 그녀의 남편도 평안했으면 좋겠다.

이혼과 졸혼

내 어린 시절, 주변에 이혼한 사람은 없었다. 아내가 어린 자식들을 두고 세상을 떠난 경우에 재혼을 한 가정은 있었지만. 남편이 일찍 떠난 집의 아내들은 거의 홀로 아이들을 키우고 있었다. 내가 이혼한 사람을 처음 만난 건, 30여 년 전의 동료 교사였다. 직업이 교사인 만큼 주변의 시선이 곱지 않았다. 전근을 오자마자 그 소문은 학교에 퍼지고 말았다. 단아한 모습에 성품 또한 좋은 분이셔서 난 그 선생님과 가장 친한 동료가 되었고, 오랫동안 인연을 이어왔다. 얼마의 시간이 지나자 선생님이 내게 물으셨다. 자기가 왜 이혼을 했는지 궁금하지 않냐고.

선생님은 지방에서 교대를 졸업하셨다. 그리고 서울 명문대생을 소개받아 사귀다가 결혼을 했다. 결혼 전에는 전혀 느끼지 못했는데, 사람의 인성이 꽤 좋지 않았다고 한다. 이기심이 지나쳐서 자주 화가 났는데, 한 예를 들면, 만원 버스에서 아기를 업고 아기 짐 가방을 들고 있었는데, 남편이 없어서 둘러보니 혼자 편안히 좌석에 앉아있더란다. 그런 상황이 반복되다 보니 도저히 참을 수가 없어서 그 시대에 드문 '이혼녀'가 된 것이다. 그 선생님은 그 이후 재혼을 하지 않았다. 첫 남자에 대한 상처가 너무나 커서 그랬을 거라 짐작만 할 뿐이다.

몇 년 전에, 이혼한 지인이 딸을 결혼시켰다. 결혼 전에 사귀던 남자도, 결혼한 남자도 그 딸의 수준에 좀 미치지 못한다는 생각이 들어서 그 이유를 물었더니,

"난 이혼녀의 딸이잖아? 난 항상 그게 부끄러웠나 봐. 남자를 고를 때도 항상 그렇게 되더라고."

그녀는 그 말을 하면서 내 앞에서 깊은 한숨을 쉬었다. 남편이 도박에 미쳐 재산을 탕진하여 이혼 후 아이들을 홀로 키우느라 무척이나 힘들었던 삶이었다. 그랬는데 딸의 입에서 나온 그 말이 그녀의 가슴에 대못을 박고 말았다. 그녀는 이혼한 게 이렇게 큰 죄냐고 내게 말하며 고개를 떨구었다.

요즘은 드라마에서도 '졸혼'이 많이 나온다. 아직 내 주변에서는 보이지 않지만, 일본에 이어 우리나라에도 졸혼한 숫자가 계속 늘고 있는 추세다. 황혼 이혼이 세대 중 가장 높은 이혼율이라고 한다. 살아온 환경과 성격이 다른 남녀가 만나 가정을 이루고, 부모 노릇을 하며 부부로 살아가는 일은 결코 쉬운 일이 아니다. 어느 집이나 많은 갈등 상황을 만났을 것이

고, 또 그것을 해결하느라 꽤나 힘들었을 것이다. 어느 한 쪽이 많이 참음으로써 결혼 생활이 이어진 경우도 있을 테고, 서로 싸우며 당당하게 극복한 경우도 있을 테고, 감정의 교류 없이 침묵 상태로 한 집에서 사는 경우도 있을 것이고, 마침내 각자의 삶을 선택하는 사람들도 있을 것이다.

결혼 유지든, 졸혼이든, 이혼이든 각자의 살아온 삶에 대한 최선의 선택이었을 거라 생각한다. 선입견을 갖고 바라보던 예전의 내가, 지금은 그들의 삶에 대해 되도록 '판단'을 하지 않으려 한다. 우리가 다 알 수는 없으나, 모두 나름대로 애쓰며 살았던 삶이 아니었을까.

No. 76

쓰레기봉투와
층간 소음의 관계

이사 온 지 몇 개월이 지났다. 예전 동네에서 오래도 살았지만, 사람들과의 소통을 살갑게 하고 살아서 집을 나서면 인사하느라 바빴다. 이사 온 이곳도 아파트 대단지이지만, 왠지 아늑하고 편안한 느낌이 들어 참 좋았다. 첫눈에 반해 바로 그날 가계약을 했을 정도로 이 집에 꽂혔고, 매일 이 집에 감사하며 흥얼거리며 청소를 하곤 한다. 산책 코스에도 큰 변화가 있었다. 예전 동네에서는 늘 아파트 단지를 빙 돌면서 산책을 했고, 가끔 근처에 있는 야산을 올라가곤 했는데, 여기는 동네 산책 코스도 좋지만, 근처에 예쁜 공원이 있고, 조금 더 가면 둘레길에 이어 산으로 연결이 되어 좋다. 아는 사람도 없는 이곳에서의 생활은 마치 여행지에서 시간을 보내는 느낌이다.

일상생활에서 마주할 수밖에 없는 세탁소 아저씨와 꽃 가게 새댁과 정육점 아줌마와 마켓 알바생과는 반갑게 인사하며 만나고 있지만, 밖을 나가도 아는 사람이 없으니 굉장히 편안한 자유로움을 느낀다.

지난주에 예전 동네 앞집 엄마가 카톡을 했다.

"언니, 놀러 와요. 앞집 새댁(우리 집에 이사 온)과 셋이서 밥 먹어요. 보고 싶어요."

과일이 오가고, 케이크와 떡이 오가고, 반찬이 오가고, 쌀자루가 오갔던 우리 두 집! 참 정겨웠었다. 어머님 병중에도 기도 부탁을 했을 정도로 마음이 이어진 관계였다. 이사 오기 전에 책 정리를 하면서 동네 고등학교에 기증을 했고, 이어서 앞집 사 남매를 불러 갖고 싶은 책을 골라 가라고 했다. 중학생부터 유치원생까지 두 집 현관을 통해 몇 번이나 책을 날랐다. 앞집 엄마가 읽으면 좋을 책들도 챙겨주었다. 육아 휴직을 두 번이나 하면서 아파트 엄마들과 잘 지냈었지만, 가장 정 깊게 지낸 이웃이었다. 이사를 오니, 맛난 음식을 사와도, 좋은 먹거리 선물의 양이 많아도 늘 앞집이 떠올랐다.

이사를 오고 며칠 후에 현관문을 열자 엘리베이터 앞에 할아버지가 서 계셨다. "나는 앞집에 사시나 봐요?" 물으며 반갑게 인사를 했다. 우리 앞집에는 70대 정도 연세의 노인 부부가 사신다. 엘리베이터를 타려고 현관문을 열면 쓰레기봉투가 자주 눈에 띄지만, 우리 부부는 전혀 신경을 안 쓰고 산다. 주택에 살 때 쓰레기를 마당에 놓아두는, 그런 습관이 이어진 게 아닐까 추측을 한다.

우리 시어머님은 아이들이 뛰는 소리에 너무나 고통스럽다고 호소하셨던, 아래층 아주머님의 소리에 전혀 귀를 기울이지 않으셨다. 학교에 안 나간 어느 휴일, 김밥을 싸서 우리 집으로 올라와 두통에 시달린다고 좀 도와달라고 부탁하던 아주머니께 난 죄송하다고 고개를 숙이고 또 숙였다. 내가 있을 때는 절대 안 뛰던 아이들이, 괜찮다 하시는 할머니 앞에서는 계속 뛰어다녔던 모양이다. 그 후 아랫집은 집을 팔고 다른 곳으로 이사를 했고, 우리 어머니는 '아이들은 뛰면서 크는 거'라고, 그런 것도 못 참으면 어떻게 아파트에 사느냐'고 내게 말씀하셔서, 내 가슴을 몹시 답답하게 하셨다. 이런 죄스러운 경험이 있었으니, 나는 윗집 소음에 좀 너그러운 사람이 되었다. 이사 와서 본 쓰레기봉투도 눈에 안 보이면 좋겠지만, 그냥 받아들이고 있다.

불의에는 용기 내어 말해야 하지만, 이해할 수 있는 부분에는 되도록 날 세우지 않고 살아가려 한다. 오랜 습관과 의식을 바꾸기란 쉬운 일이 아니지 않는가!

삶과 죽음에 대한
묵상

　시어머님이 이 세상을 떠나신 마지막 순간의 모습은 굉장히 아름다우셨다. 내 나이가 예순하나이니, 그동안 세상을 떠나는 사람의 마지막 모습을 많이 지켜보았다. 자식들과 며느리들과 손주들의 '사랑한다'는 고백을 수없이 많이 들으면서, 따뜻한 손길에 미소 지으며 어머님은 천국으로 떠나셨으리라. 돌아가실 시간을 미리 예측하여 알려주셨던 의사 선생님께 지금도 감사한다. 부모의 연락을 받고 한걸음에 달려와준 내 자식들과 조카들에게도 감사한다. 내가 이마트에서 사다 놓은 작은 플라스틱 의자에 한 사람 한 사람 돌아가며 앉아서 어머님께 '사랑한다, 감사한다, 그동안 수고 많으셨다고 울며 고백하던 시댁 가족들의 모습이 지금도 생생하고 가슴 뭉클하다. 어머님은 고단했던, 너무나 고단했던 이 세상에서의 삶을 다 놓아버리시고, 감사하는 마음으로 이 세상을 떠나셨다.

여고생이었을 때 참 특이한 한 아이가 있었다. 나와 별로 친하지는 않았지만, 그 아이가 했던 말이 지금도 잊히지 않는다.

"난 언제 죽을지 몰라서 매일 속옷을 깨끗하게 입고 다녀."

열아홉, 그 나이의 아이가 죽음을 매일 생각하고 살았다는 게 그때도 지금도 신기하다. 하긴 죽음은 태어난 순서가 있는 것도 아니고 어느 날 갑자기 찾아올 수 있는 것이니까. 어릴 때 친하게 놀던 튀김집 딸은 백혈병으로 중학생 때 하늘로 떠났고, 학교에서 가장 예뻤던 중3 우리 반 반장은 대학 졸업 후 대기업 비서로 근무를 하다가 교통사고로 급히 세상을 떠났다는 소식도 들었다. 30대 교사 시절, 나와 가장 친했던 교사도 출근을 준비하다가 갑자기 쓰러져서 성빈센트 병원 중환자실에서 한 달을 입원해 있다가 세상을 떠나갔다. 어린, 젊은 사람들이 갑자기 그렇게 세상을 떠났다. 나 또한, 여의도 성모병원 백혈병동 무균실에서 함께 지냈던 세 사람을 저세상으로 떠나보내지 않았던가! 죽음은 그렇게 멀리 있지 않다. 그래서 우리는 하루를 잘 살아야 한다. 되도록 잘 살려고 노력해야 한다.

잘 산다는 게 뭘까, 깊이 묵상한 적이 있다. 매일 속옷을 깨끗하게 갈아입고 준비하는 것보다 중요한 건, 마음의 평화라는 생각이 들었다. 평화로운 상태에서는 나도 남도 괴롭히지 않는다. 그리고 매 순간 감사한다. 용서하지 못했던 과거의 사람도 용서할 수 있고 축복해 줄 수 있다. 용서는 자기를 사랑하는 매우 적극적인 사랑인 것이다. 또한 모든 사람과 잘 지내야 한다는 강박관념에서 벗어나, 지금 사랑하고 있는 사람들에게는 정성껏 사랑으로 대하고, 어떤 이유에서건 저기 건너에 있는 어떤 인연에 대해서도 '그동안의 좋았던 관계 고마워. 어디에 있건 행복하게 잘 살기를 빈다.'라는 생각으로 좋은 에너지를 보내주면 된다. 수학 문제를 풀듯 100% 다 풀고 해결해야 한다는 것도 일종의 강박이 될 것 같다.

우리는 각자 이 세상에서 해야 할 소명을 갖고 태어난다고 한다. 그 소명이 뭘까, 자주 생각하고, 자기의 달란트를 잘 사용하면서 나누고 살아가면 되지 않을까. 또한 우리는 이 세상에서 행복하게 살기 위해 태어났다고 한다. 그러니 내 삶의 무대 위에서 '주인공은 바로 나'라는 사실을 잊지 말고, 지나치게 남 눈치를 보며 살아가는 '나 없는 삶'의 인생은 더 이상 살면 안 될 것이다.

하루가 모여 삶이 된다. 이 하루만 잘 살면 되는 것이다. 내 옆에 있는 사람과 내가 바라보는 아름다운 하늘에 감사하면서, 내가 해야 할 일을 피하지 않으며, 그렇게 살면 될 것 같다. 삶과 죽음에 대해 묵상을 하다 보니 답은 무척 간단했다. 하긴 '단순한 것이 가장 위대하다'는 명언도 있지 않은가!

No. 78

책 선물

"고객님, 전 이렇게 책이 많은 집은 처음 봐요. 책을 굉장히 좋아하시나 봐요?"

몇 년 전, 침대 케어를 하러 우리 집에 두 번째 방문한 젊은 기사님의 말이다. 첫 방문 때는 일을 하면서 계속 안방을 두리번두리번하는 모습이 좀 불편했었는데, 그 이유를 알았다.

"고객님, 저는 대학을 못 갔어요. 첫 직장이 우리나라 최고의 백화점이었어요. 아무리 일을 열심히 해도 대놓고 무시하고 차별하는 분위기를 견디지 못하다가 4년 만에 나왔어요. 지금 이 일은 실적 위주이고, 공정하니까 참 좋아요. 전 언젠가는 꼭 대학에 갈 생각이에요. 그리고 책도 꾸준히 읽고 싶은데, 밤까지 일을 하다 보니 힘들어서 책을 몇 년 동안 한 권도 못

읽었어요. 항상 공부와 책에 대한 마음이 있으니까, 많은 책을 보면 마음이 좀 흥분이 되더라고요. 지난번에 여기 와서 정말 깜짝 놀랐어요."

나는 그 이야기를 들으며 오랜만에 만난 제자 같다는 생각이 들었다. 50대에 야간고를 졸업하고 이어서 야간대를 졸업한 시누님 이야기를 들려주었다. 요리사 일을 하면서도 평생의 꿈을 이루신 시누님의 인생 이야기를 들으며, 기사님은 고개를 끄덕이며 자기도 꼭 이룰 거라고 말했다. 일을 하다가 목이 마르니, 지난번의 시원한 둥굴레차가 먹고 싶었는지, 물을 마셔도 되냐고 내게 물었다. 내 목발(발목 골절 수술 후 퇴원했을 즈음)을 보고 스스로 먹겠다는 소리였다. 나는 당연히 된다고 말하니 냉장고에서 물병을 꺼내 컵에 따른 후 벌컥벌컥 물을 마셨다.

일을 마친 기사님께 주고 싶은 책을 계속 생각했다. 지난달에 구입한 책들 중에 가장 추천하고 싶은 E2라는 책이 떠올랐다. 신념을 갖고 열심히 도전하라는 의미였다. 목발을 짚고 책장 앞으로 가서 책을 꺼내 주었다. 기사님은 자기도 고등학생 때 다리가 부러져서 3개월이나 입원했던 사람이라고 하면서, 빨리 완쾌하라는 말과 함께 꾸벅 90도 인사를 하며 책을 받았다.

교사로 살면서 느끼던 작은 보람, 그 비슷한 기분을 느꼈다. 침대가 깨끗해지고 좋은 나무 향까지 나니, 그날은 하루 종일 기분이 좋았다.

No. 79

시어머님 표
알타리 김치

　어머님이 돌아가시기 전의 일이다. 요리사로 근무를 하는 시누님이, 함께 일하는 언니가 준 알타리를 다듬을 시간이 없자, 시어머님께 다듬어만 달라고 부탁을 했다. 꼼꼼한 성격의 어머님은 정성스럽게 알타리를 다듬은 후에 알타리 하나하나를 몇 조각으로 잘라 놓으셨다. 큰 김치통으로 한가득 알타리 김치를 주면서 시누님은 '이렇게 알타리를 쫓아놓았다'고 어머님 흉을 보았다. 음식 솜씨가 기가 막힌 시누님의 알타리를 맛있게 먹는 동안, 나는 유치원생이 놀이를 한 듯한 창의적인 가지각색의 모양들이 참 사랑스럽다고 생각했다. 얼마 후에 어머님은 말기 암 진단을 받으셨고, 9개월을 힘겹게 투병하시다 하늘나라로 떠나셨다. 그 기간에는 알타리 김치를 담근 기억이 없다. 아마도 매일 병원에 들르는 일상이니 김치 담글 엄두가 안 났을 것이다. 어머님 돌아가신 후, 나는 거리를 다닐 때 눈물바람이었다.

'저건 어머님이 좋아하셨던 색깔이야. 저 할머니가 입으신 옷, 우리 어머니 옷이랑 비슷하네. 저건 어머니 좋아하시던 과일, 저건 어머님이 싫어하시던 음식…. 밥맛이 없어서 동네 단골 분식집에서 몇 가지를 주문한 후 계산을 하려다가, 그때의 내 심정을 말하니까, 사장님께서 다 안다며 눈물을 주르륵 흘리셨다. 시어머님과 친정 엄마가 한 달 사이에 돌아가셔서 자기는 오랫동안 그 슬픔에서 벗어나기 힘들었노라고.

어머님 돌아가신지 8년이 지났다. 어머님이 떠나신 이후 알타리 김치를 어머님처럼 쫓아서 담그고 있다는 건, 아마도 어머님이 그립다는 내 마음의 표현이리라. 어머님과 똑같은 맛을 내는 된장찌개, 몸이 아플 때를 제외하고는 밥상을 정성스럽게 차리는 습관, 가끔 시장에서 어머니처럼 알록달록 예쁜 옷을 고르고 있는 나! 어제도 만 원짜리 푸른색의 스커트와 5천 원짜리 집에서 입는 작은 꽃무늬 원피스를 사 왔다. 다시 봐도 예뻤다.

"에미야, 이것 봐라. 시장에서 5천 원 주고 사 왔다. 이거 너 입을래?"

나는 어머님이 사주신 옷을 몇 번 받았지만, 썩 마음에 들지는 않았었다. 그래도 어머니 보시라고 자주 입고 있었다.

집안의 가장으로 살면서 죽고 싶어도 죽을 수 없었다고 내게 말씀하셨던 분! 그분은 이 땅에서의 맡은 바 책임을 피하지 않으셨고, 전투적인 삶을 사셨던 분이다. 위선적이고 파렴치한 유명인들을 접할 때면, 난 돌아가신 시어머님 얼굴이 떠오른다. 비록 무학이셨고 거칠었지만, 당신이 이 땅에서 하실 일을 기꺼이 하셨던, 참 위대하신 삶을 살다가 떠나신 우리 어머니! 어머님은 내 가슴 안에 늘 살아계신다.

부끄러운 고백

나의 아버지는 초등학교 교사로 사신 분이다. 초등학교만 졸업하고 시골에서 나무를 지고 나르던 집안의 막내둥이였다. 3년을 그렇게 살고 있었는데, 서울에서 경찰로 근무하고 계셨던 둘째 형님이 막내를 데리고 올라가면서 아버지의 인생은 바뀌었다.

아버지는 서울에서 중학교를 졸업하시고, 춘천으로 전근을 가신 형님을 따라 춘천으로 주거지를 옮긴 후 춘천고를 졸업하셨다. 그리고 이어서 명문대라고 불리는 대학에서 수학을 전공하셨고, 수학교사 자격증을 따셨다. 동생을 자식처럼 키우셨던 형님과 형수님이 얼마나 기뻐하셨을지 짐작이 간다.

그 당시 나라에서 초등 교사와 중등교사의 수급이 맞지 않아서, 중등교사 자격증이 있는 사람들을 초등학교에 가서 조건부 교사를 하도록 했다. 아버지도 친구들도 초등학교 교사가 되었다. 아버지의 첫 발령지는 안성에 있는 고삼 초등학교였고, 이어서 용인(내 출생지)에서 근무를 하시다 수원으로 전근을 오셨다. 그 이후 우리 가족은 수원에 둥지를 틀고 살게 되었다. 아버지는 발령 5년 후에 중등교사로 옮기라는 공문을 받았지만, 평생 초등학교에서 근무하겠다는 뜻을 밝히고 그렇게 사셨다.

아버지께서 말씀하셨던 그 비리의 학교가 정확히 어디였는지는 모르겠지만, 아마도 발령 초기가 아니었을까 짐작해 본다.

"선생님들, 이번에 동네 문방구에서 홍보해 주길 바라는 전과는 바로 이겁니다. 시험 준비 기간에 책상 위에 올려놓고, 수업 시간에도 애들이 볼 수 있도록 전과와 수련장을 손에 들고 설명도 좀 하시고…"

가장 젊은 교사였던 아버지는 회의 도중 벌떡 일어나셨다.

"가난한 중에도 아이들 교육만큼은 최선을 다해 뒷바라지를 하는 부모님들입니다. 이게 아이들 앞에 선 교사들의 모습입니까? 부끄럽지도 않으세요?"

갑작스러운 찬물에 아무도 말을 못 했고, 아버지가 근무를 하시던 기간에 그런 일은 다시 일어나지 않았다고 했다. 학교를 옮기셔도 아버지는 그러셨을 거고, 어느 정도의 시간이 흘러서는 이 나라에 그런 부끄러운 일은 싹 사라지고 말았다.

교대를 졸업하는 딸에게 아버지는 두 가지를 당부하셨다.

"절대로 학생을 포기하지 마라. 네가 한 명만 포기하고 나머지 학생들에게 좋은 선생님이라 할지라도 그건 교사임을 포기한 것이다. 교사는 아이를 미워할 자격이 없는 사람이다. 두 번째는 '아이들을 절대 편애하지 말라'였다. 쉬운 일이 아니겠지만, 최선을 다해 노력해야 한다. 아이들 마음을 다치게 하면 교육은 절대 이루어지지 않는다."

아버지의 조언은 내 가슴속에 깊이 머물렀고, 교사로 살면서 그것을 실천하는 게 쉽지 않은 일이라는 걸 깨닫는 순간이 많았다. 다행스럽게도 감사한 것은 내 안에 타고난 '자동 삭제 조절장치'가 있어, 다음날이 되면 전날에 나를 무척 힘들게 했던 아이가 전혀 밉지 않았다. 밝게 웃으며 말을 걸면 아이들이 몹시 미안한 표정을 지었던 게 지금도 생각이 난다.

세상은 쉽게 변하지 않는다. 하지만 올바른 삶을 지향하는 몇몇의 간절함이 모이고 모여, 변화될 수 있다고 믿는다. 계란으로 바위를 치는 것처럼 보이는 일들도, 언젠가는 바위가 바위를 치는 일이 되지 않을까? 역사는 때로 물줄기를 따라 무섭게 역행하기도 하지만, 진실이라는, 정의라는 올곧은 뜻은 '시간'이라는 강력한 힘에 의해 조화점을 찾게 된다. 이 얼마나 멋진 세상의 이치인가!

No. 81

호구의 삶

살아가면서 가끔 이해하기 어려울 때가 있다. 우리 집안 경조사에 알렸는데 전혀 반응이 없던 사람이, 시간이 흘러 본인의 경조사에 와달라고 연락을 할 때가 종종 있다. 어떤 경우는 내가 부의금을 보냈는데도 내 경조사에 모른 척하다가, 얼마 후 또 소식을 알리는 사람도 있다. 이런 경우는 좀 황당하다. 인간관계가 서로 주고받는 소통이어야 하는 게 아닌가! 어떤 경우는 사례를 하겠다고 일을 부탁해서 많은 시간과 에너지를 쏟아부었음에도 언제 그랬냐는 듯한 반응을 보이는 사람도 있었다.

모시고 살 때 어머님은 가까운 친척의 경조사에는 다 함께 가자고 하셨고, 좀 멀다 싶으면 당신 혼자서 삼 남매의 봉투를 챙겨서 가시곤 했다.

"에미야, 봉투 세 개 만들어라."

나는 말씀이 떨어지자마자 봉투 세 개에 돈을 넣고 어머님 삼 남매의 이름을 정성껏 써서 드리곤 했다. 칭찬에 인색하셨던 어머님이셨지만, 내 필체가 좋다는 말씀은 자주 해주셨고, 남들에게도 자랑을 꽤 많이 하셨다고 한다. 나는 그 봉투에 넣었던 돈을 제대로 돌려받은 적이 없었고, 세 개 모두 어머님 몫이라고 생각했다. 평생을 너무나 가난하게 살아오신 분께 내 통장은 어머님 것이라고까지 생각했던 것 같다. 목돈을 요구하시는 대로 다 해드렸고, 심지어 작은 아파트를 구입해서 주말 쉼터로 살고 싶다는 말씀에도 흔쾌히 네,라고 대답했고, 내가 학교에서 대출을 받은 돈과 아주버님이 회사에서 대출을 받은 돈이 반반 합해져서 어머님 소유의 작은 아파트가 생겼다. 내 남편은 살고 있던 아파트 대출이 있어서 내가 책임을 진 것이다. 어머님과 연결된 많은 돈들은 따짐 없이 다 해드려도 아까운 마음이 없었다.

호구로 살면 본인은 점점 바보가 되고, 상대방은 그러려니 요구하다가, 어느 선을 넘으면 당연하게 여기게 된다고 한다. 우리가 아는 유명인들 중에도 그렇게 사는 사람들이 있고, 주변에서도 가끔 그런 사람을 보게 된다. 스스로를 존중하지 않는데, 누가 그 사람을 존중하겠는가! 스스로를 아끼고 사랑하지 않는데, 누가 그 사람을 아끼고 사랑해 주겠는가! 인생에 정답은 없지만, 스스로도 잘 챙기고, 배려도 적절히 하는 지혜가 필요할 것 같다.

No. 82

인연 보자기

　사람과의 불화를 잘 견디지 못했던 나는, 나 자신의 평화를 위해서라도 두루두루 잘 지내기 위해 무진장 노력하며 살았다. 내 마음이 어떤지는 귀 기울이지 않고, 그래야 한다는 강박관념이 나를 꽤 많이 힘들게 했다. 세계적인 영성 작가인 웨인 다이어의 책들을 접하면서 꼭 그렇게 살 필요가 없다는 걸 배웠다. 그 말은 내 삶에 편안함과 담대함과 함께 삶의 여백을 주었다. 내 인생의 큰 전환점이 된 시기였다. 몇 년 전, 우연히 유튜브 강의에서 이런 내용을 들었다.

　"우리는 보통, 속 깊게 사귀던 사람과의 관계가 나빠졌을 때 굉장히 큰 상처를 받는다. 정성을 기울이고 공을 들인 사람이라, 더 그럴 것이다. 깨어진 관계를 부여잡고, 그걸 곱씹고 또 곱씹으며 끌탕을 하느라 긴 시간 동안 심한 스트레스를 받는다. 이제는 그러지 마라. 그 사람과의 인연은 거기까지라고 마음을 바꾸어라. 돌이켜보면 좋았던 시간이 훨씬 많았는데도, 관계의 끝부분만 기억하려고 한다. 거기까지의 시간을 보자기에 꽁꽁 싸서 그 자리에 가만히 놓아두고, 그냥 떠나라. 내 소중한 시간과 에너지를 어두움에 빼앗기지 마라."

이 정도의 내용이었다. 내 인생에도 그런 존재가 몇 명 있었다. 내가 새롭게 배운 보자기 이론이, 나에게 굉장한 평화를 주었다.

내가 평화로운 것처럼 상대방도 평화롭게 잘 살기를 빌고 있고, 이해불가의 사람이 아닌, 그 사람도 나름 최선의 선택을 한 것일 수도 있겠다고 이해한다. 어쩌면 '한 쪽의 지나친 희생과 배려'는 순리에 맞지 않다는 생각의 전환으로 나는 더 이상 관계에 연연하지 않게 되었고, 내게 남는 건 또 '감사'였다.

상대방이 잘못한 것임에도 당당히 사과를 요청하지 못하고, 내가 먼저 부드러운 관계를 만들기 위해 애썼던 많은 시간들이 있었다. 나는 그걸 사랑이라고, 배려라고 굳세게 믿고 살았지만, 그런 관계들은 희한하게도 다 정리가 되었다. 서로가 아껴주고, 내가 잘 될 때 나보다 더 기뻐하는 인연들이 나를 따스한 에너지로 감싸주고 있다. 그 에너지가 나를 더욱 건강하게, 나를 더 밝게 만들어준다. 그래서 잠에서 깨어 눈을 뜨면 감사로 하루를 시작하는지도 모르겠다.

No. 83

'좋은 아빠'가 꿈이었던 아이

드디어 만났다. 지금 나이 서른넷! 그동안 꾸준히 내게 연락을 했던 효자 제자였다. 내 마지막 학교에서 6학년 3반, 담임과 학생으로 만났던 그 소중한 인연이 생각할수록 고마웠다. 속 깊고 솔직한 성격의 아이 엄마와도 두 번째 만남이었다. 헤어지기 전 카페에서 아이 엄마에게 말했다.

" 우리 오래 만나요. 너무나 좋아요."

직장 동료들이 아이의 초등학교 선생님을 만나러 간다고 하니, 눈이 휘둥그레지며 어떻게 그럴 수가 있냐고 말했다고 했다. 나 또한 친구들이 그런 말을 했다고 말하며 웃었다.

아이 엄마의 나이를 물어보니 나보다 세 살이 적었고, 막내며느리로 시어머님을 오래 모시고 살았다는 걸 알았다. 몰랐으면서도 그런 공통점이 있어서 서로 끌렸을까? 다시 만나도 참 좋은 사람이라는 생각을 또 했다.

아이가 전화를 할 때마다 꼭 엄마의 안부를 물었던 내게, 아이가 장난스럽게 말했다. 선생님은 저보다 저희 엄마를 더 좋아하시는 것 같다고. 키 180 센티가 넘는 거구의 그 아이가 내 눈에는 계속 초등학생으로 보였고. 너무나도 귀엽고 사랑스러웠다. 퇴근 후 나를 태우러 와서부터 내 집까지 태워다 주는 순간까지 아이는 얼마나 많이 종알종알 떠들었는지 모른다. 회사 이야기, 여자 친구와 헤어진 이야기, 힘든 순간에 헬렌 켈러가 했던 명언을 떠올리며 힘을 낸다는 말까지.

차가 우리 집에 다가오기 전, 대화의 마지막 주제는 '좋은 아빠가 되고 싶었던 오랜 꿈'에 대해서였다. 아이 아빠에 대해서 묻지는 않았지만, 아이는 어릴 때부터 그 꿈을 꾸었고, 지금까지 그렇다고 했다. 또한 자기가 좋은 아빠가 될 수 있을지 의문이라고도 했다. 나는 내 남편 이야기를 들려주었다. 청각 장애를 갖고 계셨고 시골에서 혼자 사셨던 아버지, 아버지라고 한 번도 불러본 적이 없는 가끔 만나던 아버지, 아버지의 사랑이 뭔지 모르고 자랐던 반쪽의 삶이었지만, 남편은 나의 제자처럼 '화목한 가정, 좋은 남편, 좋은 아빠'의 꿈을 꾸었고, 실제로 좋은 아빠로 살아가고 있다는 이야기. 아이가 운전을 하며 고개를 끄덕였다.

"좋은 아빠가 되고 싶다는 너의 마음이 벌써 준비가 되어있는 거니까, 다 잘 될 거니까, 늘 긍정의 자기 암시로 씩씩하게 살면 되는 거야. 난 너를 믿어."

난 믿는다. 아이의 변하지 않는 선한 눈빛과 점점 자신감에 반짝이는 당당한 눈빛을. 눈빛은 속일 수 없는 것이다, 몇몇 사이코패스 기질의 사람을 제외하고는. '눈빛이 곧 그 사람'임을 난 오랜 경험으로 알고 있다.

내 집에 차가 도착했다. 문을 열고 내려서 어여 출발하라는 내게, 한사코 아파트 현관문 안으로 들어가시면 가겠다고 고집을 부리며 나를 지켜보던 아이! 그 눈빛은 내 제자가 아니라, 내 보호자였다. 너무나 행복하고 감사한 하루였다. 나를 교사의 길로 이끌어주신 선배 교사였던 아버지께, 그래서 자주 감사하고 산다. 그날은 아버지도 하늘나라에서 흐뭇하게 우리 세 사람을 지켜보고 계셨을 거다.

No. 84

닮아가는 부부

몇 년 전 가수 최진희가 나오는 프로그램을 보았다. 북한 공연도 나왔고, 바쁜 스케줄의 하루하루 모습도 나왔고, 성격 좋아보이는 남편의 모습까지도 보았다. 그 남편은 최진희의 노래를 정말 좋아하는 1등 팬이었고, 늘 피곤한 최진희의 컨디션 관리에 많은 노력을 기울이며 살고 있었다. 이혼한 후 어린 딸과 살고 있을 때, 그 딸이 결혼하라고 먼저 말할 정도로 지금의 남편은 천생연분으로 보였다. 내 가슴에 꽉 꽂힌 최진희의 말은 이랬다.

"제가 굉장히 폐쇄적이고 사람 만나는 걸 싫어하는 사람이었어요. 그런데 이 사람 만나고 제가 점점 밝아지더라고요."

방송이 끝나고 잠시 우리 부부를 떠올려 보았다. 연애 시절에 내 핸드백을 들고 아무렇지도 않게 화장실 밖에서 기다리던 사람! 난 그 모습이 굉장히 낯설고도 고마웠다. 교사의 딸로 태어난, 직업이 교사인 나는 어떤 '틀'에 나를 가두고 살았다. 특히 옷에 대해서는 강박관념 같은 게 있어서, 옷을 사러 가면 옷가게 주인이 늘 물었다. "혹시…. 초등학교 선생님이세요?"

난 교사로 근무하면서 민소매 옷을 입어본 적이 없고, 무릎 위 치마를 입어 본 적이 없고, 맨발로 간 적이 한 번도 없었다. 나이 어린 아가씨 선생님들이 예쁜 슬리퍼를 신고 출근하는 게 참 이뻐보여도 난 용기가 나지 않았다. 아직도 옷에 대해 완전히 자유롭지는 못하지만, 그래도 퇴직 후 옷차림이 많이 자유로워졌다. 옷차림이 편해지니 삶이 편해지는 느낌이었다.

내가 남편을 만나 체면치레에서 많이 벗어나고 있는 것처럼, 남편은 나를 만나 성격이 점점 밝아지고 유머가 풍부해졌다. 한 시댁 행사에서 남편의 사촌 누님이 내게 이런 질문을 하신 적이 있다.

"말은 하고 살아? 좀 답답하지 않아?"

나는 활짝 웃으면서 말도 잘하고 엄청 재미있다고 하니, 그 형님은 믿지 못하겠다는 표정을 지었다. 불우하고 상처 많은 가정이었으니, 남편은 바깥 사람들이 아닌 친척들 앞에서는 기가 많이 죽어있었던 게 아닐까 생각했다.

우리는 서로에게 좋은 변화를 일으키며 35년을 잘 살아왔다. 그동안 서로에게 상처를 종종 주기도 하고, 부부 싸움도 잊어버리지 않을 정도로 하고 살았지만, 점점 싸울 일이 없어지고 있으니 이 정도면 잘 산 부부가 아닐까?

행복했던 스승의 날

지난 스승의 날이었다. 1987년 화성 송산초 발령으로 내 교사 생활이 시작되었다. 그 첫 제자들 나이가 지금 49세이다. 그날은 전화와 카톡을 받느라 무척 바빴다. 사춘기 아들로 인해 요즘 너무나 힘들다고 상담하는 제자도 있었고, 그 옛날 추억을 떠올리며 행복한 시간이었다고 말해준 제자도 있었다.

아침에 일찍 택배가 왔다. 제약회사를 다니다가 이제는 개인사업자가 되었다는 제자가 보내준 영양제였다. 계좌번호로 입금하겠다는 내게, 자기가 선생님께 부담 없이 선물을 드릴 정도는 되었다고 말했다. 나는 그냥 고맙다고 받아들이고, 가족과 함께 좋은 시간 보내라며 카톡으로 케이크 선물을 보내주었다.

교직 생활 통틀어 잊을 수 없는 몇 아이에 꼽히는 한 남자 제자가 있다. 걸스카우트와 보이스카우트 대장 교사였던 내가, 연맹에서 하는 행사에 참여하게 되었다. 장소는 에버랜드였다. 어디에 나가든 교사들에게 가장 큰 공포는 아이가 사라지는 것이다. 그래서 이동 중에 계속 아이들 숫자를 세는 것이 모든 교사들의 습관이다. 제트 열차를 타고 내린 아이들 인원 파악을 하는데, 한 아이가 없었다. 심장이 요동치기 시작했다. 머리가 하얘지는 느낌이랄까? 아이들과 주변을 찾아보다가 방송을 해야겠다고 생각을 하는데, 아이가 나타났다. 너무나 재미있어서 다른 학교 아이들 타는데, 거기 끼어서 한 번 더 타고 왔다고 했다.

그 아이는 심한 장난꾸러기였는데, 나를 얼마나 좋아하는지 눈빛만 봐도 알 수 있는 아이였다. 아이들이 하기 싫어하는 힘든 청소구역을 자기가 하겠다고 손을 번쩍 들던 아이였다. 그 아이가 어느새 마흔 후반의 두 아이 아빠로 살아가고 있다.

"아내와 아이들에게 사랑 많이 주렴. 왕비처럼 모시고 살아."

내 카톡에 그 제자는 이렇게 답변했다.

"선생님, 저는 머슴으로 살고 있어요. 가끔 얄밉다니까요."

그 제자와 카톡을 주고받으며 얼마나 많이 웃었는지 모른다. 서로 잘 지내라고 덕담을 주고받으며 끝내려는데, 내게 스타벅스 상품권을 선물로 보냈다. 내 삶에 제자들이 있어 더욱 행복했는데, 그날은 생일처럼 풍성한 사랑을 받았다.

거미줄같이 얽혀있는
인연들

　교대에 진학을 했다. 국어교육과에서 맘씨 좋은 한 친구를 만났다. 지금까지 40년 가까이 이어오는 교대 7인방의 멤버다. 사는 지역이 같은 수원이라 우리는 가까운 화성시로 발령이 났다. 나는 첫 발령지 송산에서 대학 때 친하게 지냈던 한 선배를 다시 만났고, 그 친구는 내 초등 친구와 같이 발령을 받아 두 사람은 절친이 되었다. 그리고 수원으로 온 그 친구가 선배와 같은 학교로 발령이 났다. 그러다 보니 우리 네 사람은 함께 모이지는 않았지만, 계속 소식을 듣고 사는 사이가 되었다. 서로의 경조사를 꼭 챙겨주는 사이.

　세월이 흘러 내가 셋째 아이를 출산하고 복직을 하자, 그 학교에 내 초등 친구가 근무를 하고 있었다. 복직한 내가 힘들까 봐, 자기 교실 환경정리를 끝내고, 퇴근 후에 남아서 일을 하고 있는 내게로 와서 우리 교실 꾸미기를 도와주기도 했다. 몇 년을 같이 근무하다가, 내가 수원 만기(근무 기간이 10년이 되면 다른 지역으로 전근을 가야 하는 제도)가 되어 용인시로 전근을 가면서 헤어졌다. 내가 마지막 학교에서 근무하는 동안에 그 친구는 내가 살고 있는 학구로 전근을 왔고, 몇 년 후 우리 셋째 아이의 담임으로 다시 만나게 되었다. 그때 나는 건강이 좋지 않아 퇴직을 한 이후였다.

내 초등 친구는 그 이후, 첫 발령지에서 내가 만났던 그 선배 언니와 같이 근무를 하게 되었고, 절친이 되어 여행을 함께 다니는 4인방 멤버까지 되었다고 한다. 얼마나 재미있는 네 사람의 인연인가!

건강이 좋지 않아서 40대 초반에 내가 가장 빨리 학교를 나왔고, 정년퇴임까지 갈 거라 믿었던 내 대학 친구도 몇 년 전에 퇴직을 했다. 몸과 마음이 더 이상 버티기가 힘들다며. 그리고 나머지 두 사람마저 퇴직을 해서 우리 네 사람은 모두 퇴직 교사가 되었다. 그동안은 동기 셋에서 아주 가끔 만남을 가졌었는데, 그 선배가 우리 모임에 들어오고 싶다고 해서 네 사람의 모임이 만들어졌다.

이렇게 인연은 얼기설기 얽혀있는 경우가 많다. 참 소중한 인연들! 만나서 서로 사랑하라고 맺어지는 게 인연일 게다. 마음씨가 곱지 못하고 심한 상처를 주는 사람도 있다는 걸 지금까지 몇 번 경험하기도 했지만, 역시 대부분의 인연은 너무나 고맙고 정겹다.

어디에서든 자라는
사랑 씨

살아가면서 가끔 생각한다.

'내가 이렇게 많은 사랑을 받아도 되나?'

그런 생각을 하다 보면, 아주 오래된 숨어있는 나의 선행이 문득 떠오르기도 하고, 넘치게 제자 사랑을 실천하고 하늘나라로 떠나신 아버지 생각도 나고, 거의 20년 정도를 시댁 조카 여럿을 건사하고 사셨던 엄마가 떠오르기도 한다.

내가 교사 발령이 나자 아버지께서는 교사의 역할에 대해 조언을 해 주셨고, 내가 첫아이를 낳고 학교로 복귀할 때에는 '교사 책상에 아기 사진을 올려놓지 말고, 그냥 반 아이들에게만 집중하라'고 말씀하셨다. 나는 갖고 다니던 내 수첩에 아이 사진을 붙여놓고, 틈나는 대로 보았던 기억이 있다.

내 자식처럼은 아니겠지만, 아버지 핏줄을 이어받은 나는 학생들에게 헌신하는 교사로 살았고, 나의 삼 남매는 내 아이를 책임지는 분들에게 그냥 맡기고 살았던 것 같다. 그분들께 사랑의 에너지를 보내면서.

감사하게도, 뛰어가서 90도 허리를 굽히며 진심으로 감사하다고 말씀드리고 싶은 아이들의 선생님들을 많이 만났다. 특히 공군 장교인 아들과 인연을 맺고 있는 두 분의 멘토, 장교 학원 원장님과 헬스 원장님은 내가 뭐라 표현하기 힘들 정도로 우리 아들에게 깊은 사랑을 주고 계신다. 그 모습에서 나의 아버지를 평생 사랑하고 존경했던 제자들이 떠오르고, 나를 잊지 않고 챙겨주고 있는 나의 제자들이 떠오른다.

아버지 말씀이 옳았다. 내 일에 충실하고, 내가 만나고 있는 사람들을 진심으로 사랑하고 살면, 내 자식들은 어디에 있건 좋은 분들과 좋은 인연을 맺으며 살아갈 수 있음을. 내가 볼 수 없고, 내가 힘쓸 수 없는 영역에서도 사랑의 씨앗은 돌고 돌아 꽃을 피울 수 있음을.

알겠다. 점점 알아진다. 그냥 좋은 마음으로 매 순간을 사는 거다. 어두운 마음을 과감히 물리치고, 밝고 긍정적인 평화의 마음으로 오늘을 살아가는 거다. 지금 이 자리에서 사랑을 심는 거다. 사랑을 선택하는 거다.

No. 88

우리 남편

교대에 다닐 때 한 친구의 집에 놀러 가서 알았다. 방 세 개인 작은 우리 집이 꽤 부자라는 것을. 내가 자라온 환경이 얼마나 유복했는지를 절실하게 깨닫게 해 준 사람은 나의 남편이었다. 고등학교, 대학교를 장학생으로 다니고, 졸업 후 세계적인 대기업에 입사해 다니고 있던 사람이라 겉은 번듯해 보였지만, 이 사람의 내면의 아이는 많이 추워 보였다. 내 인생의 멘토이신 아버지라는 존재가 그 사람에게는 없었고, 그 정겨운 단어인 '아버지'를 한 번도 불러본 적이 없던 사람이었다.

어릴 때 그렇게도 보고 싶었던 '소년 중앙'을 한 번도 사지 못했고, 공부의 보살핌을 전혀 받지 못하고 밖에서 마냥 뛰어놀던 초등생이기도 했다. 엄마는 삼 남매를 먹여살려야 했고, 시골에 있는 남편을 주말마다 들여다봐야 했다. 며칠 장사로 엄마가 집을 비우면, 어린 막내는 엄마의 옷을 끌어안고 잠을 자곤 했다. 그보다 더 어린 아기였던 어느 날은, 조개를 열심히 캐시던 어머님이 아차, 아기를 뉘여놓은 곳을 바라보다 바닷물이 가까이 차온 걸 보고, 죽을힘을 다해 달려 아기를 구했다는 말도 들었다. 그래서 남편은 아직까지도 '섬집 아기'라는 동요를 좋아한다.

아버지가 선생님이시고, 엄마는 평생 부업을 하시던 평범한 가정의 딸인 나를, 남편은 부러워했다. 공주님 대하듯 했다. 특히 나의 아버지에 대한 사랑과 존경심이 깊었다. 그걸 아시는 아버지는 가난한 시절의 제자를 사랑하듯 큰사위를 전폭적으로 사랑해 주셨다.

어느 날 절친 하나가 내게 물었다. 남편이 돈 쓰는데 인색하지 않느냐고. 정말 다행스럽게도 그런 면은 전혀 없는 사람이었다. 결혼하여 상대방 가족에게 돈을 드리거나, 선물을 하는 것으로 부부 싸움을 한 적이 한 번도 없을 정도였으니까. 할 수 있는 한 최선을 다하면서 기쁨을 느낄 수 있는 두 사람이었다. 얼마나 감사한 일인지 모른다.

몇 년 전 발생한, 내 발목이 부러진 사건으로 정성스러움이 강점인 남편의 성격이 빛을 발해, 친정 식구들과 내 친구들에게 칭찬을 받았다. 병원에서의 간병도 퇴원 후의 보살핌도 최고 수준이었으니까. 그래서 위기 상황임에도 서로를 더 아끼고 소중히 여기는 복된 시간을 보냈다. 병원에서 깁스를 하고 침대에 누워있던 나와, 보호자 긴 의자에 누워있던 남편이, 잠들기 전 손을 꼭 잡고 도란도란 이야기를 나누던 장면은, 어느 영화보다도 더 감동적으로 내 마음 안에 남아있다.

에필로그

당신을
사랑하고 있나요?

내 삶을 그림을 그리듯 써내려 갔다. 10년 정도 SNS를 하면서 글쓰기는 나를 치유했다고 믿는다.

"위로 받았습니다. 힘이 납니다. 감동 받았습니다. 잘 살고 싶습니다…"

이런 댓글을 읽으며 글 쓰는 보람도 많이 느꼈다. 우리는 행복하기 위해 이 세상에 태어났지만, 내가 그랬듯이 그걸 모르는 사람이 무척이나 많았다.

내 삶의 이야기를 읽은 당신과 마주앉아 있는 기분이다. 당신은 내게 무슨 말을 하고 싶은가? 위의 댓글처럼 당신도 위로 받고 힘이 났으면 좋겠다. 사랑은 참 힘든 일이지만, 결국은 늘 사랑이라는 걸 깨달았다. 나를 향한 사랑과 상대방을 향한 사랑은 둘 다 소중하다.

아버지의 뒤를 이어 초등 교사가 되었다. 꾸밈이 없는 아이들의 사랑을 많이 받았다. 사랑을 어떻게 해야 하는지, 삶을 어떻게 살아가야 하는지 그들을 통해 배웠다. 애쓰는 삶이 아닌 자연스러운 삶, 억지로가 아닌 할 수 있을 만큼의 사랑! 우리는 단순한 이것을 놓쳐서 길을 헤매고 깊은 고통을 느낀다.

몸과 마음은 하나다. 그걸 뼈저리게 느끼고 살았다. 미움은 독이 되어 나를 갉아 먹는다. 자기 가슴에 미움이 있다는 건, 사랑을 잘못하고 있다는 의미이다. 인정 받으려는 욕구가 나를 뛰어 넘어 거친 숨을 몰아 쉬게 하고, 상대방이 알아주지 않을 때 미움의 싹이 튼다.

오늘 새벽, 가족이 깨지않게 살글살금 집을 나와 산책을 했다. 어젯밤 책을 완성한 나를 맘껏 칭찬해 주고 싶었다. 나는 왜 이 책을 썼을까? 누구를 위해 쓴 것일까? 숨기고 싶었던 내용도 있고, 수치심을 심하게 느꼈던 이야기도 있다.

나는 사랑을 회복했고, 치유되는 과정을 겪었다. 몸이 힘든 사람, 마음이 힘든 사람, 사랑의 상처가 큰 사람… 그들 모두에게 내 이야기를 들려주고 싶었다.

이 지구별 여행, 덜 어리석어야겠다. 자기 자신을 마음껏 아껴주며 반짝 빛나도록 삶을 살아가면 좋겠다. 내 사랑도 당신의 사랑도 덜 힘들고 따스하길…. 고운 빛을 받은 주변의 별들도 함께 반짝이길….